クックしが
地産食材かんたん新レシピ

滋賀の食事文化研究会 食事バランス部会 編

はじめに

　滋賀県は、面積の約6分の1を占める琵琶湖に100種類以上の魚介類が生息しています。ニゴロブナ、ホンモロコ、ビワマス、セタシジミなどの固有種も多く、伝統料理の中心になっています。

　一方、琵琶湖のまわりは、標高1000m級の山々が連なっています。山々からの栄養豊富な水は琵琶湖へ注がれて魚介類の栄養源になるとともに、形成された肥沃な扇状地には、滋賀の気候に適した米、野菜類、豆類、いも類などが数多く栽培され、それらを生かした食文化が形成されています。さらに、近隣の京都、福井、三重、岐阜などの府県の食文化や、近江商人の活躍などから大きな影響を受け、滋賀独特の食文化となっています。

　滋賀の食事文化研究会では、25年以上にわたり滋賀県の各地域の食材や伝統料理、食文化について、調査や研究を重ね、数多くの書籍を出版してきました。各種部会の中の食事バランス部会でも、滋賀大学環境総合研究センターなどの協力を得て『滋賀の伝統的な料理を活用した食事バランスガイド2010年度版』パンフレットと『滋賀の伝統的な料理を活用した食事バランスガイド』冊子、およびその『レシピ集』を制作し発行しています。

　これらの活動を通じて、琵琶湖で獲れる固有種を含めた魚介類や、歴史を感じさせる近江の伝統野菜、さらに優れた滋賀の食材や食文化を、次世代に伝承しなければという必要性を痛感しました。

　そこで、食事バランス部会では、5、6年前から滋賀県の食材や食文化を伝承するために、約60種類の食材を選択し、若い人たちをターゲットに、手軽に楽しく、健康的でおいしい料理を作ることに取り組んできました。

料理は伝統料理に代えて、若い人たちが日常の食生活に取り入れやすいように、日ごろ食べなれている和風、洋風、中華風のほか、エスニック風などいろいろな料理方法を利用しました。伝統的な食材も、工夫次第で新しいおいしさや楽しさをうまく引き出すことができました。料理の中には、子どもたちと一緒に楽しく作れて、喜ばれるものも加えています。次世代のみならず、その次の世代まで継承できればとの願いを込めています。

　琵琶湖の固有種や伝統野菜の中には、琵琶湖の水質や湖岸および生息する魚介類の変化、漁業や農業従事者の減少、食生活の洋風化などにより、生息や生産が危ぶまれているものも多くあります。一方、うれしいことに、町おこしなど地域活性化のために復活の気運が高まっている食材も少しずつ増えています。

　若い人たちが掲載する食材や料理に興味をもち、調理に取り組んでもらうことができれば、近年全国で展開されている地産地消につながります。地域の新鮮で安心・安全な食材の利用は、地域の食材や食文化に対する理解が深まるとともに、健康増進や地域経済の活性化、食料自給率の向上などに貢献できるものと考えます。

　地域の伝統食材や優れた食材を、若い人たちに普及したいという活動が、全国的に展開できればと願っております。

　この本の出版にあたり、滋賀の食事文化研究会の会員の皆様、そのほかご協力くださった皆様に心より御礼申し上げます。

　　　　　滋賀の食事文化研究会
　　　　　　食事バランス部会　代表者　串岡　慶子

Menu

魚介類

フナ
- フナと大根のスパゲッティ　14
- フナのからしマヨネーズあえ　15
- フナのムニエル野菜あん　15

イサザ
- イサザの柳川風鍋　16
- イサザの南蛮漬け　17
- 甘からイサザ　17

セタシジミ
- セタシジミのパエリア風　18
- セタシジミの香り炒め　19
- セタシジミときのこの豆乳スープ　19

ビワマス
- ビワマスのホイル焼き　20
- ビワマスのムニエル　21
- ビワマスのグレープフルーツマリネ　21

ビワヨシノボリ（ゴリ）
- ゴリタコス　22
- ゴリの三色ライス　23
- ゴリたま　23

モロコ
- モロコのピンチョス　24
- モロコの甘酢煮　25
- モロコの塩麹炒め　25

アユ
　コアユの三色揚げ　26
　コアユの五目あんかけ　27
　コアユの佃煮おにぎらず　27

コイ
　コイのブイヤベース風　28
　コイのエスニック蒸し　29
　コイの手まりずし　29

スジエビ
　スジエビとにらのチヂミ　30
　スジエビとこまつ菜の炒め物　31
　スジエビとアボカドのグラタン　31

ワカサギ
　ワカサギの赤ワイン煮　32
　ワカサギとチーズのサラダ　33
　ワカサギのチリソース　33

野菜類

赤丸かぶ
　赤丸かぶのポトフ　34
　赤丸かぶのポタージュ　35
　赤丸かぶと豚肉の甘酢炒め　35

北之庄菜（きたのしょうな）
　北之庄菜のカルパッチョ　36
　北之庄菜の五色炒め　37
　北之庄菜のカラフルサラダ　37

日野菜(ひのな)

- 日野菜とチーズの豚肉巻き　38
- 日野菜の炒飯　39
- 日野菜とエビの炒め漬け　39

万木かぶ(ゆるぎ)

- 万木かぶのボルシチ風　40
- 万木かぶの炊き込みご飯　41
- 万木かぶのサラダ　41

かぶ

- かぶと柿のマリネ　42
- かぶのしょうがあんかけ　43
- かぶの彩りピック　43

水口かんぴょう(みなくち)

- 水口かんぴょうの牛肉サンド　44
- 水口かんぴょうゼリー　45
- 水口かんぴょうの梅さっぱりあえ　45

伊吹大根

- 伊吹大根の餃子(ぎょうざ)　46
- 伊吹大根のそぼろあんかけ　47
- 伊吹大根と豚肉の炒め煮　47

山田大根

- 山田大根のきのこソースかけ　48
- 山田大根とハムのサラダ　49
- 山田大根とシジミとひき肉の煮物　49

杉谷とうがらし

- 杉谷とうがらしとタコのイタリア風　50
- 杉谷とうがらしのしいたけみそ　51
- 杉谷とうがらしの甘辛煮　51

杉谷なすび

　杉谷なすびの重ね焼き　52
　杉谷なすびのサラダ　53
　杉谷なすびの鶏みそかけ　53

下田なす

　下田なすのエビはさみ揚げ　54
　下田なすのオランダ煮　55
　下田なすのアイオリソース　55

豊浦ねぎ
（とい ら）

　豊浦ねぎとじゃがいものスープ　56
　豊浦ねぎのイタリア風炒め　57
　豊浦ねぎの油揚げ巻き　57

秦荘のやまいも
（はだしょう）

　秦荘のやまいものふわふわ焼き　58
　秦荘のやまいものバター炒め　59
　秦荘のやまいもの団子汁　59

さといも

　さといもの牛肉巻き　60
　さといものミルク煮　61
　さといものお焼き　61

じゃがいも

　ポテトオムレツ　62
　サワーポテト　63
　ポテトパッタイ　63

赤こんにゃく

　赤こんにゃくの田楽　64
　赤こんにゃくの白あえ　65
　赤こんにゃくのピリ辛炒め　65

かぼちゃ

かぼちゃとひき肉のコロッケ　66
かぼちゃのチーズカリカリ　67
かぼちゃとズッキーニのサラダ　67

そうめんかぼちゃ

そうめんかぼちゃとひき肉の炒め物　68
そうめんかぼちゃとツナのあえ物　69
そうめんかぼちゃと豆乳のみそ汁　69

きゅうり

きゅうりとエビのにんにく炒め　70
きゅうりとトマトのスープ　71
きゅうりの甘酢漬け　71

杉谷うり

杉谷うりの中華スープ　72
杉谷うりとウナギのレモンサラダ　73
杉谷うりと鶏肉の煮物　73

とうがん

とうがんとエビ団子の煮込み　74
とうがんのすり流し　75
とうがんのアジアンサラダ　75

トマト

ラタトゥイユ　76
ペンネのトマトソース　77
トマトのごまだれサラダ　77

キャベツ

かんたんロールキャベツ　78
カニかまぼこのキャベツ巻き　79
キャベツとソーセージのグラタン風　79

こまつ菜
こまつ菜のペペロンチーノ　80
こまつ菜とアサリのワイン蒸し　81
こまつ菜と牛肉の中華風　81

春菊（しゅんぎく）
春菊と豆腐のスープ　82
春菊と豚肉の炒め物　83
春菊のナムル　83

菜の花
菜の花とプルコギののり巻き　84
菜の花とチーズの巣ごもり　85
菜の花の和風豆乳スープ　85

はくさい
マーボーはくさい　86
はくさいと豚肉の蒸し煮　87
はくさいとりんごのサラダ　87

ほうれん草
ポパイエッグカナッペ　88
ほうれん草のピーナッツあえ　89
ほうれん草の卵カレー　89

みず菜
みず菜と豚肉のはりはり鍋風　90
みず菜のカリカリサラダ　91
みず菜の生春巻き　91

たまねぎ
たまねぎと枝豆のチーズ焼き　92
たまねぎとハムとアボカドのサラダ　93
丸ごとたまねぎのトマト煮　93

ごぼう
ごぼうの八幡巻き風　94
揚げごぼうの甘から煮　95
ごぼうと蒸し鶏の甘酢あえ　95

たけのこ
たけのこの田楽　96
たけのこのカレー炒め　97
たけのこ入りつくね　97

にんじん
にんじんとカシューナッツのソテー　98
にんじんのオレンジサラダ　99
ミルクにんじん　99

グリンピース
グリンピースと骨付き鶏のスープ煮　100
グリーンスープ　101
グリンピースとタテボシ貝のピラフ　101

そら豆
そら豆のココット　102
そら豆スムージー　103
そら豆のサラダ　103

大豆
大豆のチリコンカン　104
大豆のサラダ　105
炒り大豆とキャベツのスープ　105

大豆加工品
納豆のバケットサンド　106
生ゆばのサラダ　107
変わり揚げ出し豆腐　107

とうもろこし
- とうもろこしの焼売(しゅうまい)　108
- コーンクリームスープ　109
- とうもろこしと枝豆のオムレツ　109

黒あわびたけ
- 黒あわびたけのクリーム煮　110
- 黒あわびたけのあえ物　111
- 黒あわびたけと牛肉の炒め物　111

しいたけ
- しいたけのオーブン焼き　112
- しいたけの菜種あえ　113
- しいたけと根菜の炒め物　113

穀類

近江米
- 黒豆サラダちらし　114
- ライスコロッケ　115
- 近江米のピザ　115

もち米
- 中華ちまき　116
- 鶏肉入り炊きおこわ　117
- 秋の実りおこわ　117

そば
- そば粉のガレット　118
- サラダそば　119
- そばのモダン焼き　119

肉類・卵

牛肉（近江牛）
　　牛肉の甘から煮　**120**
　　牛肉のたたき　**121**
　　焼き肉の山椒みそ添え　**121**

豚肉
　　豚のスペアリブマーマレード煮　**122**
　　豚肉とキャベツの塩麹炒め　**123**
　　豚肉の紅茶煮　**123**

鶏肉（近江しゃも）
　　鶏肉と野菜のマリネ　**124**
　　鶏肉の梅みそ焼き　**125**
　　鶏ひき肉のレタス包み　**125**

鶏卵
　　中華風茶碗蒸し　**126**
　　卵とトマトの炒め物　**127**
　　彩り卵のココット　**127**

伝統食レシピ
　　フナずし／シジミ飯　**128**
　　アメノイオご飯／コアユの山椒炊き　**129**
　　エビ豆／ワカサギの南蛮漬け　**130**
　　日野菜のさくら漬け／万木かぶの甘酢漬け／かんぴょうとさといもの煮物　**131**
　　ねごんぼ／ぜいたく煮／下田なすときゅうりの一夜漬け　**132**
　　豊浦ねぎの酢あえ／さといもと棒ダラの炊き合わせ　**133**
　　赤こんにゃくのカツオ煮／丁字麩ときゅうりのからし酢みそ／はくさいの漬物　**134**
　　打ち豆汁／いりうの花　**135**
　　サバの棒ずし　**136**

本書の使い方

材料について
① 本書に使用した食品名は、原則として「日本食品標準成分表2015（七訂）」に準じていますが、一般によく使用している食品名も用いています。
② 材料は主材料を最初に、他は使う順に示していますが、順序を変えた方がわかりやすい場合は変えています。
③ A、Bなどを用いたくくりの中は、量の多い順に示しています。ただし、使う順番がある場合は早いもの順にして、作り方のところに示しています。
④ 「小麦粉」は薄力粉、「豆腐」は絹ごし豆腐、「木綿豆腐」は木綿豆腐をさします。「油」はサラダ油（調合油）をさし、「ごま油」や「オリーブ油」と区別しています。
⑤ 「しょうゆ」は濃口しょうゆ、「薄口しょう油」は薄口しょうゆ、「みそ」は米みそ（淡色辛みそ）、「白みそ」は米みそ（甘みそ）をさします。
⑥ 「だし汁」は混合だし汁、「煮干しだし汁」は煮干しだし汁をさします。
⑦ 材料の下準備は、材料の後に記しています。

分量について
① 分量の表示は、原則として2人分の可食部の重量（g）を示します。
② 調味料や香辛料、酒、油などは、重量（g）のあとに（大さじ1）、（小さじ1）なども加えています。
③ 材料に記した塩0.3〜0.5g（少々）は、目安として親指と人差し指2本でつまんだ分量、0.5〜1g（ひとつまみ）は、親指、人差し指、中指の3本でつまんだ分量に相当します。

栄養価について
① 各料理1人分の栄養価は「日本食品標準成分表2015（七訂）」に基づいて算出し、エネルギー量［kcal］、塩分（食塩相当量）［g］、カルシウム量（Ca）［mg］を記しています。カルシウム量は100mg以上含む料理のみ記しています。
② 塩分について、材料を塩もみ、塩ゆでした場合は材料への吸収量を考慮して計算しています。
③ 揚げ油は「適量」と示し、栄養価は材料への吸収量を考慮して計算しています。

だし汁のとり方
① 混合だし汁：水にだし昆布（水の2％くらい）を入れてしばらくおく。中火で熱し、沸騰直前に昆布を取り出す。沸騰したらカツオ節（水の2％くらい）を加え、再び沸騰したら火を止める。カツオ節が沈んだらこす。
② 煮干しだし汁：煮干し（水の3％くらい）は頭と腹わたを除いて2つにさく。水に煮干しを入れてしばらくおく。中火で熱し、沸騰したらあくをとりながら弱火で5分くらい煮て、火を止める。煮干しが沈んだらこす。

魚介類

フナ

琵琶湖に生息するフナは、琵琶湖の固有種のニゴロブナ、ゲンゴロウブナとギンブナの3種類です。フナずしの原料となるニゴロブナとゲンゴロウブナは漁獲量が減少していますが、資源回復の努力がされています。

伝統料理
フナずし

作り方 ▶ 128 ページ

フナと大根のスパゲッティ
フナと大根をイタリア風に

材料（2人分）
フナ（三枚おろし）	100g
塩	1g（ひとつまみ）
にんにく（すりおろす）	5g（1片）
スパゲッティ（1.4mm）	140g
オリーブ油	12g（大さじ1）
A　にんにく（みじん切り）	5g（1片）
赤とうがらし（種を取り切る）	1本
大根（4cmの短冊切り）	100g
B　塩	1g（ひとつまみ）
こしょう	少々
みず菜（4cmに切る）	10g

作り方
1. フナは薄い削ぎ切りにして塩をふり、にんにくをすりつけてしばらくおき水気をふく。
2. スパゲッティは塩（水の1％）を入れたたっぷりの熱湯でアルデンテにゆでる。
3. 半量の油で①をカリッと焼いて取り出す。残りの油でAを香り良く炒め、大根と②のゆで汁50gを加えて火を通す。
4. ③に②を加えてBで味を調える。
5. 器に盛り、③のフナとみず菜をのせる。

MEMO
フナは小骨が鍵状で骨抜きができないため、骨切りしてから使う。

388kcal
塩分 1.5g

フナのからしマヨネーズあえ　目先を変えてあえ物に

材料（2人分）
フナ（三枚おろし、皮なし）……… 80g
A ┃ 塩……………… 0.8g（ひとつまみ）
　 ┃ しょうが（すりおろす）……… 10g
B ┃ 大根 ┐ 3cmの細い短冊切り … 100g
　 ┃ にんじん ┘ 　　　　　　　　 30g
塩………………………… 1g（ひとつまみ）
しいたけ（焼いて細切り）……… 60g
細ねぎ（3cmに切って焼く）…… 30g
C ┃ マヨネーズ……… 12g（大さじ1）
　 ┃ 練りからし……… 2.5g（小さじ½）

作り方
① フナはAで下味をつけてしばらくおく。
② Bに塩をふり、しんなりすればさっと水洗いし、水気をしぼる。
③ ①の水気をふきとり、グリルで焼き、骨を除いてほぐす。
④ ②としいたけ、ねぎはCであえ、③を上に盛る。

112kcal 塩分1.1g

フナのムニエル野菜あん
スパイシーな味付けで

122kcal 塩分1.8g

材料（2人分）
フナ（三枚おろし）……………… 100g
A ┃ しょうゆ……………… 9g（大さじ½）
　 ┃ 酒…………………… 7.5g（大さじ½）
　 ┃ カレー粉……………… 1g（小さじ½）
小麦粉………………………… 6g（小さじ2）
油……………………………… 4g（小さじ1）
B ┃ だし汁………………………… 150g
　 ┃ みりん………………… 12g（小さじ2）
　 ┃ 薄口しょうゆ………… 12g（小さじ2）
C ┃ セロリ（すじを取って5cmの細切り）… 30g
　 ┃ さやいんげん ┐ 5cmの細切り … 20g
　 ┃ にんじん　　 ┘ 　　　　　　　 20g
かたくり粉（倍量の水で溶く）… 3g（小さじ1）

作り方
① フナは、Aで下味をつける。
② ①の水気をふいて小麦粉をまぶし、熱した油で身の方から焼く。八分通り火が通れば、裏返して焼き上げ、器に盛る。
③ 鍋にBを入れて加熱し、Cを加えて煮る。野菜に火が通れば水溶きかたくり粉を加えてとろみをつけ、②にかける。

魚介類

イサザ

伝統料理
イササ豆

琵琶湖の固有種でハゼ科に属し、身はもろく壊れやすく、白身であっさりとした魚です。体は小さいですが、琵琶湖の水深50〜60mのところまで潜る習性があります。冬になると、長浜市湖北町尾上（おのえ）などでは沖曳網（ちゅうびきあみ）で捕獲します。じゅんじゅん（すき焼き）やイサザ豆、佃煮（つくだに）、南蛮漬けなどにして食べます。

イサザの柳川風鍋　ドジョウにかえてイサザで

材料（2人分）

イサザ	60g
A　だし汁	200g
みりん	36g（大さじ2）
薄口しょうゆ	36g（大さじ2）
ごぼう（ささがきにし、水でさらす）	50g
卵（溶きほぐす）	100g（2コ）
みつ葉（3cmに切る）	10g

作り方

① 鍋にAを入れて沸騰したら、イサザとごぼうを加え、あくを取りながら加熱する。
② 卵とみつ葉を加え、ふたをして卵が半熟になったら火を止める。

163kcal
塩分 1.8g
Ca 201mg

イサザの南蛮漬け　南蛮漬けで頭も骨も軟らかく

材料（2人分）
イサザ	80g
小麦粉	6g（小さじ2）
揚げ油	適量
A　酢	30g（大さじ2）
だし汁	30g（大さじ2）
しょうゆ	9g（大さじ½）
砂糖	4.5g（大さじ½）
赤とうがらし（種をとり輪切り）	½本
たまねぎ（薄切りにし、水につける）	80g
青ねぎ（小口切り）	10g

作り方
① イサザは洗って水気をふき取り、小麦粉をまぶして油で揚げる。
② Aを加熱して砂糖を溶かし、冷ます。
③ 器に①を盛りつけて水気を切ったたまねぎをのせ、②をかけてねぎをちらす。

169kcal
塩分 0.7g
Ca 222mg

甘からイサザ　アーモンドで香ばしく

材料（2人分）
イサザ	60g
かたくり粉	3g（小さじ1）
揚げ油	適量
A　水	30g（大さじ2）
砂糖	9g（大さじ1）
しょうゆ	9g（大さじ½）
みりん	6g（小さじ1）
スライスアーモンド	10g

作り方
① イサザは洗って水気をふき取り、かたくり粉をつけて揚げる。
② Aを加熱して煮つめ、とろみがついたら①とアーモンドを加えて、からめる。

148kcal
塩分 0.7g
Ca 170mg

魚介類

セタシジミ

琵琶湖の固有種で、古くから名物とされてきました。殻頂に厚みがあり、色は褐色が多いですが、生息地によっていろいろです。冬から産卵期の春にかけて、特においしくなります。漁獲量は、60ｔ前後とピーク時の100分の1ほどに減少しましたが、増殖が図られています。シジミ飯やみそ汁、ぬたや佃煮などに使われます。

伝統料理
シジミ飯

作り方▶128ページ

セタシジミのパエリア風　　サフラン香る炊き込みご飯

材料（2人分）
セタシジミ（殻付き）		120g
オリーブ油		4g（小さじ1）
A	たまねぎ　みじん切り	50g
	にんにく	2g
B	イカ（1cm幅に切る）	70g
	エビ（背わたを除く）	40g（2尾）
白ワイン		15g（大さじ1）
米（洗ってザルにあげる）		150g（1合）
C	固形コンソメ　100gの湯で溶く	5g（1コ）
	サフラン	0.05g（少々）
さやいんげん（ゆでて半分に切る）		14g
レモン（くし形）		20g（2切れ）

作り方
① 油でAをよく炒めて取り出す。
② シジミとBを入れて炒め、白ワインを加えて火を通し、ざるにあげて煮汁は残しておく。（シジミの殻は半分ほど取り除く。）
③ 米を炊飯器に入れ②の煮汁とCを加えて水加減し、①を加えて炊く。炊きあがれば②のシジミとBを戻して混ぜる。
④ 器に盛り、さやいんげんを飾り、レモンを添える。

368kcal
塩分 1.4g

MEMO
殻付きのセタシジミは、水につけて砂出しした後、殻をこすり合わせてよく洗う。

セタシジミの香り炒め　シジミにパンチをきかせて

材料（2人分）
セタシジミ（殻付き）	400g
ごま油	4g（小さじ1）
A にんにく（みじん切り）	10g（2片）
赤とうがらし（輪切り）	少々
B 酒	30g（大さじ2）
オイスターソース	12g（大さじ¾）
青ねぎ（小口切り）	10g

作り方
1. 油にAを入れて加熱し、シジミを加えて炒める。
2. Bを加え、ふたをしてシジミの殻が開くまで加熱する。
3. 器に盛り、ねぎをちらす。

81kcal
塩分 0.9g
Ca 127mg

セタシジミときのこの豆乳スープ　寒さにも負けないスープ

材料（2人分）
セタシジミ（殻付き）	400g
オリーブ油	8g（小さじ2）
にんにく（みじん切り）	10g
A たまねぎ ┐薄切り	100g
エリンギ ┘	60g
しめじ（小房に分ける）	60g
B 水	200g
固形コンソメ	5g（1コ）
まいたけ（小房に分ける）	60g
豆乳	200g
黒こしょう	少々
レモンの皮（せん切り）	5g

作り方
1. 鍋に油とにんにくを入れて加熱し、Aを加えてたまねぎがしんなりするまで炒める。
2. Bを加え沸騰したら、シジミとまいたけを加える。
3. シジミの殻が開いたら豆乳を加え、煮立つ直前に火を止めこしょうをふり、レモンをのせる。

162kcal
塩分 1.3g
Ca 147mg

魚介類

ビワマス

琵琶湖の固有種で、琵琶湖の魚の中では一番おいしいといわれています。初夏が旬で、ピンク色の身に脂がのって舌ざわりがよく、刺身、焼物、煮物、こけらずしなどにします。秋に雨で増水した川を大挙してさかのぼって産卵するので、この時期は「アメノイオ（雨の魚）」といわれました。産卵後に脂が落ちると、アメノイオご飯でおいしく食べます。

伝統料理
アメノイオご飯

作り方▶129ページ

159kcal
塩分 1.1g

ビワマスのホイル焼き　琵琶湖の恵みを豪華に

材料（2人分）
- ビワマス……………………………… 140g
- A
  - 塩………………………… 2g（小さじ⅓）
  - こしょう……………………………少々
- B
  - オクラ（ヘタをとり2つに切る）…… 60g
  - ミニトマト………………………… 50g
  - レモン（輪切り）………………… 10g

作り方
1. ビワマスはAをふって30分おき、水気をふく。
2. アルミホイル（30cm角）の半分より上の中央に①を、周りにBをおき、ホイルを折って3辺を閉じる。
3. ②をオーブントースターで20分くらい加熱する。

ビワマスのムニエル　ビワマスでおもてなし

材料（2人分）
- ビワマス……………………………… 140g
- A
  - 塩 ………………… 2g（小さじ1/3）
  - こしょう……………………………… 少々
- 小麦粉……………………… 9g（大さじ1）
- B
  - アスパラガス（4cmに切る）…… 50g
  - にんじん（拍子木切り）………… 20g
- 油…………………………… 8g（小さじ2）
- パセリ（みじん切り）………………… 1g
- レモン（くし形）……………………… 10g

作り方
1. ビワマスはAをふって30分おき、水気をふいて小麦粉をまぶす。
2. Bはゆでる。
3. 油を熱し、①を両面にこげ目がつくまで焼く。
4. 器に盛ってパセリをちらし、②とレモンを添える。

204kcal
塩分 1.1g

ビワマスのグレープフルーツマリネ　新鮮な素材でお試しを

材料（2人分）
- A
  - ビワマス（刺身用）………… 140g
  - グレープフルーツ（果肉）… 100g
  - きゅうり……………………… 60g
- B
  - グレープフルーツ（果汁）…… 40g
  - オリーブ油………… 12g（大さじ1）
  - 酢……………………10g（小さじ2）
  - 砂糖………………… 1g（小さじ1/3）
  - 塩 …………………1g（ひとつまみ）
  - こしょう……………………………… 少々
- 青じそ（細切り）…………… 2g（4枚）

作り方
1. Aをすべて一口大に切る。
2. Bをよく混ぜてAをあえ、冷蔵庫に30分おいて味をなじませる。
3. 器に盛り、しそを飾る。

230kcal
塩分 0.6g

魚介類

ビワヨシノボリ（ゴリ）

琵琶湖周辺では、ヨシノボリの仲間のことを「ゴリ」といいます。1〜2cmに育った稚魚を、夏に「ゴリ曳網（びきあみ）」という漁法で獲ります。ゴリの稚魚は、鮮度が落ちるのが早く、手に入ったらすぐに加工しないと姿形がなくなり溶けてしまいます。塩ゆでや佃煮にして旬（しゅん）を味わいます。また、お盆のごちそうにされました

伝統料理 ゴリの塩ゆで

198kcal
塩分 1.0g

ゴリタコス　　ゴリでメキシカン

材料（2人分）

ゴリ（塩ゆで）		30g
A	トマト　　　　1cmの角切り	150g
	アボカド	50g
	たまねぎ（みじん切り）	20g
B	レモン汁　10g（レモン1/3コ分)	
	塩　　　　2g（小さじ1/3）	
	タバスコ　0.5g（少々）	
レタス（小さくちぎる）		10g
タコシェル		48g（4コ）

作り方
① ゴリとAをざっくり混ぜ、Bであえる。
② タコシェルに①をはさみ、レタスをしいた器に盛りつける。

MEMO
ゴリの塩ゆででは、1％塩分濃度の熱湯でさっとゆでて、ざるにあけ冷ます。

ゴリの三色ライス　まぜまぜして召し上がれ

材料（2人分）
ゴリ（塩ゆで）	100g
油	4g（小さじ1）
A 卵（溶きほぐす）	100g（2コ）
塩	0.4g（少々）
B しょうゆ	18g（大さじ1）
みりん	36g（大さじ2）
ご飯	360g
きゅうり（せん切り）	80g
甘酢しょうが	4g

作り方
① 油を熱し、Aを流し入れていり卵にする。
② Bを火にかけ、とろみがつくまで煮つめる。
③ 器にご飯を盛り、ゴリ、きゅうり、①をのせて、甘酢しょうがを飾る。
④ ゴリの上に②をかける。

556kcal
塩分 1.8g
Ca 305mg

ゴリたま　ひとくち食べたらやみつきに

416kcal
塩分 1.9g
Ca 338mg

材料（2人分）
ゴリ（塩ゆで）	100g
A キャベツ（せん切り）	160g
小麦粉	80g
水	140g
塩	0.4g（少々）
油	6g（大さじ½）
卵	100g（2コ）
お好み焼きソース	60g（大さじ3）
青のり	少々

作り方
① Aを混ぜる。
② 少量の油を熱し、①の半量を入れて両面を焼き、取り出す。
③ 油をたして卵を割り入れ、半熟の目玉焼きにし、②をのせて焼く。
④ お好み焼きソースをかけて、青のりをふりかける。
⑤ 同様にもう1枚作る。

魚介類

モロコ

琵琶湖には、ホンモロコ、スゴモロコなどがいます。ホンモロコは琵琶湖の固有種で、体長10㎝くらいの細長い体の横に1本の黒い線があり、銀色の鱗（うろこ）が目立ちます。近年は漁獲量が減り、高級魚になりました。初春に浅い所に移動して産卵します。素焼き、煮付け、佃煮、南蛮漬け、なれずしなどに利用します。

伝統料理
焼きモロコのどろ酢

モロコのピンチョス　洋酒のおつまみに最適

220kcal
塩分 0.9g
Ca 410mg

材料（2人分）
モロコ		50g
A	小麦粉	6g（小さじ2）
	水	2.5g（小さじ½）
	粉チーズ	2g（小さじ1）
油		適量

	カマンベールチーズ	1.5cmの角切り	35g
	チェダーチーズ		25g
B	りんご		15g
	ドライトマト		10g
	オリーブのピクルス（2等分する）		12g（4コ）
（チーズ、Bは添えも含む）			

作り方
❶ Aを混ぜ合わせてモロコにまぶし、油で揚げる。
❷ チーズ、①、Bのそれぞれ1つをピックにさし、器に並べる。

モロコの甘酢煮　　甘酢で日持ちよく

材料（2人分）
モロコ･･････････････････････ 80g
A｜水･･････････････････････ 80g
　｜酢･･････････････････････ 40g
B｜しょうゆ･･････････････ 18g（大さじ1）
　｜砂糖･･････････････････ 9g（大さじ1）
　｜しょうが（せん切り）･････････ 4g

作り方
1. Aを煮立て、モロコを入れて中火で煮る。
2. モロコに火が通ったら、Bを加えて弱火で煮つめる。

74kcal
塩分1.4g
Ca 343mg

モロコの塩麹炒め　　塩麹でまろやかな味に

材料（2人分）
　｜モロコ･･････････････････････ 60g
　｜ブロッコリー（小房に分けてゆでる）
A｜　･･････････････････････ 80g
　｜にんじん（いちょう切り）･････ 20g
　｜塩麹･･････････････････････ 30g
油･････････････････････ 4g（小さじ1）

作り方
1. Aをよく混ぜて、冷蔵庫で1～2時間おく。
2. 油を熱してモロコの両面にこげ目をつけ、Aの残りを入れて炒める。

89kcal
塩分 2.0g
Ca 274mg

魚介類

アユ

琵琶湖の恵みである湖魚の一つとして古くから重宝されています。特に、琵琶湖のような止水域で育ったアユは、成魚でも10㎝くらいの大きさなので、コアユといわれています。コアユは、頭から尾まですべて食べることができるため、佃煮やてんぷら、南蛮漬けなどとして親しまれています。

伝統料理　コアユの山椒炊き

作り方 ▶ 129ページ

117kcal
塩分 0.2g
Ca 151mg

コアユの三色揚げ　3種の香辛料で色と香りを楽しむ

材料（2人分）

コアユ	100g
小麦粉	6g（2g×3）
A　カレー粉	2g
青のり	2g
パプリカ（粉）	2g
揚げ油	適量

作り方

① 3つのビニール袋それぞれに、小麦粉2gとAの1つを入れてよく混ぜる。
② アユの水気をふき、①の袋に1/3量ずつ入れてまぶし、油で揚げる。

コアユの五目あんかけ　色どり鮮やか野菜たっぷり

材料（2人分）
コアユ	100g
かたくり粉	9g（大さじ1）
油	12g（大さじ1）
A ピーマン（せん切り）	40g
にんじん（せん切り）	30g
ゆでたけのこ（せん切り）	30g
しめじ（小房に分ける）	30g
B だし汁	100g
しょうゆ	18g（大さじ1）
みりん	18g（大さじ1）
酒	10g（小さじ2）
しょうが（すりおろす）	3g
かたくり粉（倍量の水で溶く）	4.5g（大さじ½）
白ねぎ（細切り）	10g

180kcal 塩分1.5g Ca 152mg

作り方
1. 水気をふいたアユにかたくり粉をまぶし、油で焼き、皿に盛る。
2. ①の鍋にAを入れて炒める。
3. Bを加え、沸騰したらしょうがと水溶きかたくり粉でとろみをつけ、火を止める。
4. ①に③をかけ、ねぎをのせる。

コアユの佃煮おにぎらず　子どもといっしょに楽しんで

材料（2人分）
A コアユの佃煮（細かく刻む）	70g
サニーレタス（小さくちぎる）	15g
焼きのり	6g（全形2枚）
ご飯	220g
マヨネーズ	12g（大さじ1）

作り方
1. のり　ご飯（¼量）、A（半量）、ご飯（¼量）の順に重ねる。
2. のりを折り込む。
3. 半分に切る。
4. 器にのせ、マヨネーズを添える。
5. 同様にもう1つ作る。

333kcal 塩分2.1g Ca 177mg

魚介類

コイ

コイは、堂々たる姿と生命力の強さから、淡水魚の王者とされています。11月〜3月までは脂がのっているので、内臓まですべてを食べる筒煮、コイこくがおいしいです。脂が少ない夏には、清涼感をよび生臭さが薄れるあらいが好まれ泥酢で食べます。あらいは、あっさりとした味で、コリコリとした食感があります。

伝統料理　コイの洗い

103kcal
塩分 0.7g

コイのブイヤベース風　　コイをフランス風に

材料（2人分）
- コイ（三枚おろし）……… 70g
- オリーブ油……… 4g（小さじ1）
- A
  - たまねぎ ……60g
  - にんじん　短冊切り ……30g
  - セロリ ……10g
  - にんにく（みじん切り）…… 2g
- 水……………… 240g
- ローリエ…………… ½枚
- B
  - トマト（缶詰）… 40g
  - 薄口しょうゆ …… 6g（小さじ1）
  - 塩……… 0.3g（少々）
- こしょう…………… 少々

作り方
1. コイは一口大に切る。
2. 鍋に油を入れて加熱し、Aを炒める。
3. 水とローリエを加え、煮立ったら、①とBを入れて中火で煮込み、こしょうをふる。

コイのエスニック蒸し　ナンプラーで深い味わい

材料（2人分）
コイ（三枚おろし）･･････････ 120g
A ｜ ナンプラー･･････18g（大さじ1）
　｜ 酒･････････････10g（小さじ2）
B ｜ えのき ｜ほぐす ･･････････ 60g
　｜ しめじ ｜　　　 ･･････････ 60g
乾燥わかめ（カット）･･････････ 1.5g
みつ葉（3㎝に切る）･･････････ 6g

作り方
1. コイは、2切れに切って器に入れ、Aで下味をつける。
2. わかめは水で戻す。
3. ①の上にBと②をのせて蒸し器で20分くらい蒸し、みつ葉を飾る。

126kcal
塩分 2.3g

コイの手まりずし　かわいい一口サイズのおすし

327kcal
塩分 1.0g

材料（2人分）
コイ（あらい）･･････････････ 60g
ご飯･･･････････････････････ 300g
A ｜ 酢･･････････････ 15g（大さじ1）
　｜ 砂糖････････････ 6g（小さじ2）
　｜ 塩･･････････････ 1g（ひとつまみ）
　｜ 白ごま･･････････ 2g（小さじ⅔）
青じそ（せん切り）････････ 0.5g（1枚）
なすの浅漬け（縦に薄切り）････ 40g

作り方
1. 炊きあがったご飯にAを混ぜ、冷まし、10等分する。
2. ラップの上にコイと①の1つをのせて丸く包み、ラップをはがしてしそをのせる。なすの漬物も同じように作る。

魚介類

スジエビ

秋から春にかけて、琵琶湖の沖合で捕獲される数cmの小さなエビで、胴の部分に黒い筋があります。透き通った新鮮なエビは、ピチピチ元気に飛び跳ねます。スジエビは、殻ごとエビ豆やエビ大根、かき揚げなどに用いるのでカルシウムが豊富に摂れます。また、長寿を願ってめでたいときにも作られます。

伝統料理
エビ豆

作り方 ▶ 130 ページ

スジエビとにらのチヂミ　薄く焼いてエビ食べやすく

材料（2人分）
- スジエビ……………………… 50g
- A
  - 小麦粉………… 27g（大さじ3）
  - かたくり粉…… 18g（大さじ2）
  - 水………………………… 30g
  - 卵（溶きほぐす）… 50g（1コ）
  - 塩………… 1g（ひとつまみ）
- にら（5cmに切る）…………… 50g
- ごま油…………… 8g（小さじ2）
- 糸とうがらし………………… 少々
- B
  - しょうゆ……… 12g（小さじ2）
  - レモン汁… 10g（レモン⅓コ分）
  - ラー油……………………… 少々

作り方
1. Aをよく混ぜ、スジエビとにらを加えてざっくり混ぜる。
2. 油を熱し、①をいくつかに分けて薄く広げ、両面にこげ目がつくまで焼く。
3. 器に盛ってとうがらしをのせ、Bを添える。

185kcal
塩分 1.5g
Ca 276mg

スジエビとこまつ菜の炒め物　カルシウムいっぱいの食材使って

材料（2人分）
- スジエビ……………………………… 50g
- 油………………………… 8g（小さじ2）
- にんにく（みじん切り）…… 5g（1片）
- こまつ菜（3㎝に切る）………… 120g
- A
  - 塩………………… 1g（ひとつまみ）
  - こしょう……………………………少々
- いりごま……………………………… 2g

作り方
1. 半量の油を熱して、スジエビがパリパリになるまで炒め取り出す。
2. 残りの油を足してにんにくを炒め、こまつ菜を茎、葉の順でさっと炒め、①も加えてAで味を調える。
3. 器に盛って、ごまをふる。

75kcal
塩分 0.6g
Ca 360mg

スジエビとアボカドのグラタン　アボカドの器でおしゃれに盛りつけ

材料（2人分）
- スジエビ……………………………… 40g
- 油………………………… 4g（小さじ1）
- アボカド…………………… 100g（小2コ）
- A
  - みそ………………… 18g（大さじ1）
  - マヨネーズ………18g（大さじ1 ⅓）
  - こしょう……………………………少々
- たまねぎ（みじん切り）…………… 50g
- ピザ用チーズ………………………… 20g

作り方
1. スジエビがパリパリになるまで油で炒める。
2. アボカドは縦に2つに切り分け、種をとり中身をくり抜いて粗めにつぶす（皮は器に使う）。
3. Aを混ぜ、①と②とたまねぎを加えてざっくり混ぜる。
4. アボカドの皮に③をつめチーズを散らし、オーブントースターで焼き色をつける。

252kcal
塩分 1.6g
Ca 279mg

魚介類

ワカサギ

琵琶湖の北にある余呉湖でのワカサギ釣りの風景は、冬の風物詩になっています。新鮮なワカサギはきゅうりに似た香りを放ちます。環境適応能力に優れ、近年琵琶湖でも増えて漁業を支える魚になっています。体は銀白色で骨が軟らかく、丸ごと食べるとたくさんのカルシウムを摂取できます。天ぷらや南蛮漬け、佃煮にして食べます。

伝統料理
ワカサギの南蛮漬け

作り方▶130ページ

ワカサギの赤ワイン煮　ワイン煮で新しいおいしさを

材料（2人分）
ワカサギ		80g
A	赤ワイン	200g
	水	100g
	ドライマンゴー（一口大に切る）	20g
	レーズン	10g
B	バター	16g（大さじ1⅓）
	ブルーベリージャム	10g
	シナモン	0.2g
	ナツメグ	0.2g
塩		2g（小さじ⅓）
こしょう		少々

作り方
1. ワカサギはオーブンで焼き色をつける（220℃、10分くらい）。
2. 鍋にAを入れ、ドライフルーツが軟らかくなるまで煮て、Bを加える。
3. ①を加えて少し煮つめ、塩とこしょうで味を調える。

222kcal
塩分 1.3g
Ca 193mg

ワカサギとチーズのサラダ　彩りさわやか　かんたんに

材料（2人分）
ワカサギ	40g
塩	0.5g（少々）
こしょう	少々
A　カマンベールチーズ（一口大に切る）	50g
いちご（へたをとり縦4等分に切る）	30g
みず菜（3cmに切る）	4g
B　オリーブ油	8g（小さじ2）
レモン汁	5g（小さじ1）
レモンの皮（せん切り）	2g

作り方
1. ワカサギに塩、こしょうをしてオーブンで焼き色をつける（220℃、10分くらい）。
2. 器に①とAを盛りつけ、レモンの皮をちらしてBをかける。

136kcal
塩分 0.8g
Ca 212mg

ワカサギのチリソース　ピリッと辛味で味引きしめて

材料（2人分）
ワカサギ	80g
かたくり粉	3g（小さじ1）
油	20g
にんにく（みじん切り）	5g（1片）
セロリ（1cmの角切り）	30g
A　トマトケチャップ	15g（大さじ1）
豆板醤	1.5g（小さじ¼）
鶏がらスープの素（水100gに溶かす）	1.5g（小さじ¼）
青ねぎ（1.5cmに切る）	20g
レタス（せん切り）	30g
はるさめ	6g
揚げ油	適量

作り方
1. ワカサギにかたくり粉をまぶし、油で焼き取り出す。
2. 次に、にんにく、セロリを入れて炒める。
3. Aを入れて煮込み、①とねぎを加える。
4. 器にレタスと揚げたはるさめをしき、③を盛りつける。

186kcal
塩分 1.3g
Ca 202mg

野菜類

赤丸かぶ

米原市で生産される近江の伝統野菜で、11月〜1月ごろまで収穫されます。根部は直径約10cmの円形から楕円形で、表面は濃紅色が美しく中身にも赤色の斑点が広がり、茎の根元も赤色です。肉質はしまって甘味があり、シャキシャキした食感です。ぬか漬けや酢漬け、サラダ、ポトフなどに利用されます。

伝統料理
赤丸かぶの漬物

178kcal
塩分1.4g

赤丸かぶのポトフ　　野菜の甘味でほっこりおいしい

材料（2人分）

A	赤丸かぶ（3cmのくし形に切る）	100g
	ブロッコリー（小房に分ける）	60g
B	水	400g
	たまねぎ（3cmのくし形に切る）	60g
	固形コンソメ	2.5g（½コ）
ウインナーソーセージ		90g（6本）
こしょう		少々

作り方

❶ Aを電子レンジで軟らかくなるまで熱する。

❷ 鍋にBを入れて熱し、たまねぎが軟らかくなったら①のかぶとソーセージを加えて加熱し、最後にブロッコリーを入れこしょうをふる。

赤丸かぶのポタージュ　　米のとろみで口当たりよく

材料（2人分）

A
- 赤丸かぶ（薄切り）……………140g
- 水……………………………280g
- たまねぎ（薄切り）……………60g
- 米………………………………10g
- オリーブ油……………4g（小さじ1）
- 塩………………………0.5g（少々）

細ねぎ（小口切り）……………………2g

作り方
1. 鍋にAを入れて加熱し、弱火で軟らかくなるまで煮る。
2. 粗熱をとったあと、なめらかになるまでミキサーにかけ、鍋に戻して温める。
3. 器に入れ、ねぎをちらす。

62kcal
塩分 0.2g

赤丸かぶと豚肉の甘酢炒め　　かぶを炒めてたくさん味わって

213kcal
塩分 0.9g

材料（2人分）

- 赤丸かぶ（一口大に切る）……………200g
- 豚肉（薄切り）……………………80g
- かたくり粉………………6g（小さじ2）
- 油………………………8g（小さじ2）

A
- たまねぎ（薄切り）……………60g
- 青ねぎ（斜め切り）……………20g

B
- 酢……………………20g（大さじ1⅓）
- しょうゆ……………12g（小さじ2）
- みりん………………12g（小さじ2）
- 砂糖……………………3g（小さじ1）

作り方
1. かぶは電子レンジで硬めに加熱する。
2. 豚肉はかたくり粉をまぶす。
3. 油を熱し、②を炒めて火が通ったら、①とAを加えて炒める。
4. Bを加えて汁気がなくなるまで炒める。

野菜類

北之庄菜
きたのしょうな

近江八幡市北之庄地区で江戸時代から栽培されている近江の伝統野菜のかぶで、主に漬物にされていました。漬物をつける人の減少とともに昭和40年ごろに自然消滅しましたが、10年ほど前から復活しました。緻密な肉質で辛味と酸味のバランスがよく、漬物のほかサラダや煮物、炒め物に利用します。

伝統料理
北之庄菜の漬物

79kcal
塩分 0.8g

北之庄菜のカルパッチョ
北之庄菜でおしゃれなオードブル

材料（2人分）
- 北之庄菜（根）（薄切り）………… 100g
- 　　　　　（葉）（3cmに切る）……… 10g
- 塩……………………… 1g（ひとつまみ）
- A
  - ゆずのしぼり汁………………… 30g
  - 砂糖……………18g（大さじ2）
- 生ハム（3等分に切る）……25g（4枚）
- ゆずの皮（せん切り）……………… 10g

作り方
1. 北之庄菜の根に塩をふってしばらくおく。
2. ①がしんなりすれば水気をしぼって、Aを少し残してあえる。
3. 北之庄菜の葉は塩（分量外）を加えた熱湯でゆで、残したAであえる。
4. ②と生ハムを交互に並べ、ゆずを飾り、③を添える。

北之庄菜の五色炒め　手早く炒め色鮮やかに

材料（2人分）

A	北之庄菜（根）（3cm×7mmの棒状に切る）	120g
	（葉）（3cmに切る）	90g
	赤パプリカ ┐ 3cm×1cmの短冊切り	30g
	黄パプリカ ┘	30g
	しいたけ（7mm幅に切る）	30g
	エリンギ（3cm×7mmに切る）	30g
	ごま油	12g（大さじ1）
B	しょうゆ	12g（小さじ2）
	塩	1g（ひとつまみ）
	こしょう	少々

作り方

① 油を熱し、Aを硬い材料から順に炒め、Bを加えて味を調える。

94kcal 塩分1.4g Ca 141mg

北之庄菜のカラフルサラダ　目にも楽しい手軽なサラダ

材料（2人分）

A	北之庄菜（根）（3cm×7mmの棒状に切る）	90g
	りんご（5mm厚さのいちょう切り）	80g
	レモン汁	10g（レモン1/3コ分）
	さやいんげん（3cmに切る）	60g
B	オリーブ油	8g（小さじ2）
	塩	2g（小さじ1/3）
	こしょう	少々
	ベビーリーフ	20g

作り方

① Aを耐熱容器に入れて混ぜ、電子レンジで1分くらい加熱後、さやいんげんを加えて軟らかくなるまで加熱する。
② ①にBをからめ、ベビーリーフをしいた器に盛りつける。

80kcal 塩分1.0g

野菜類

日野菜(ひのな)

かぶの一種で、根は直径2〜3cm、長さ25cmの細長い形をしています。地上に出ている部分は赤紫色で、葉も赤みをおびています。原産地は蒲生郡日野町鎌掛(かいがけ)で、室町時代に漬物にしたのが始まりです。ぬか漬け、えび漬け、さくら漬けなどに用います。酢を加えるとアントシアニンが、きれいなピンク色になります。

伝統料理 日野菜のさくら漬け

作り方 ▶ 131ページ

日野菜とチーズの豚肉巻き　多彩なアレンジで食卓に

材料(2人分)
- 日野菜(根)……………………120g
- 　　　(葉)(ゆでて3cmに切る) 40g
- スライスチーズ(半分に切る)
- ………………………………30g(2枚)
- 豚ばら肉(薄切り)………………40g
- 塩………………1g(ひとつまみ)
- こしょう………………………少々
- A ┃ みそ…………6g(小さじ1)
- 　┃ レモン汁……………………5g
- 　┃ 砂糖…………3g(小さじ1)
- レモン(輪切り)………………20g

作り方
1. 日野菜の根は半分の長さに切り、十文字に切って、皮に数カ所切れ目を入れる。
2. チーズを芯にして①で囲み、豚肉でぐるぐると巻く。
3. ②に塩、こしょうをしてフライパンでじっくりと焼き、適当な大きさに切って器に盛りつける。
4. 葉はAであえ、レモンとともに③に添える。

64kcal
塩分 0.9g
Ca 233mg

日野菜の炒飯　　さくら漬けも炒飯に

材料（2人分）
日野菜（さくら漬け）……………… 60g
油…………………… 8g（小さじ2）
卵（溶きほぐす）………… 100g（2コ）
A ｜ 白ねぎ（みじん切り）………… 30g
　 ｜ 焼き豚（7mmの角切り）……… 20g
こしょう……………………………… 少々
ご飯………………… 360g（茶碗2杯）
しょうゆ…………… 2g（小さじ⅓）

作り方
① 油の半量を熱して卵を炒め、器に移す。
② 残りの油を入れて、日野菜とAを炒め、こしょうをふる。
③ ご飯を加えて炒め、①を戻し、しょうゆを鍋のまわりから加えて香りをつける。

458kcal
塩分 1.8g

日野菜とエビの炒め漬け　　日野菜の色とおいしさキープ

材料（2人分）
日野菜（根）（乱切り）……………… 120g
　　　（葉）（2cmに切る）………… 20g
ごま油………………… 6g（大さじ ½）
赤とうがらし（種を取り輪切り）… ½本
エビ（殻をむいて乱切り）………… 50g
A ｜ 酢………………… 15g（大さじ1）
　 ｜ しょうゆ………… 9g（大さじ ½）
　 ｜ 砂糖……………… 6g（小さじ2）

作り方
① 油ととうがらしを、弱火で温める。
② 日野菜の根とエビを加えて炒め、根の周りが透き通ってきたら葉を加えてさっと炒める。
③ 混ぜ合わせたAに②を入れ、味をしみ込ませる。

79kcal
塩分 0.8g
Ca 109mg

野菜類

万木かぶ
(ゆるぎ)

近江の伝統野菜の赤かぶで高島市安曇川町西万木地域で栽培されてきましたが、近年は品種改良されて病害に強い「近江万木かぶ」も県内で栽培されています。9月に種を播き11月に収穫します。表面は鮮やかな紅色ですが中は白色で、適度な歯ごたえがあることから、ぬか漬けや浅漬け、甘酢漬けに用います。

伝統料理
万木かぶの甘酢漬け

作り方▶131ページ

232kcal
塩分1.2g

万木かぶのボルシチ風　ビーツのかわりにかぶを使って

材料（2人分）

A
万木かぶ ┐ 乱切り	100g
じゃがいも ┘	60g
豚ばら肉（薄切り）（5cmに切る）	60g
たまねぎ（くし形に切る）	40g

油 …… 4g（小さじ1）

B
水	240g
レモン汁	5g（小さじ1）
顆粒コンソメ	3g（小さじ½）
塩	1g（ひとつまみ）
こしょう	少々

サワークリーム …… 13g（大さじ1）

作り方
① 油でAを炒め、Bを加えて野菜が軟らかくなるまで煮込む。
② 器に盛りつけてサワークリームをのせる。

万木かぶの炊き込みご飯　なつかしい大根飯のアレンジ

材料（2人分）
万木かぶ（根）（1.5cmの角切り）	100g
（葉）（ゆでてみじん切り）	20g
米	160g
だし汁	220g
A｛塩	2g（小さじ⅓）
薄口しょうゆ	2g（小さじ⅓）
シラス干し	10g

作り方
1. 米を洗い、だし汁に30分つける。
2. かぶの根とAを加えて炊く。
3. 炊き上がったら、シラス干しと葉を混ぜ込む。

307kcal 塩分1.5g

万木かぶのサラダ　ルビー色のドレッシング！

材料（2人分）
万木かぶ（3cmのせん切り）	100g
細ねぎ（小口切り）	6g
A｛万木かぶ（すりおろす）	40g
酢	15g（大さじ1）
しょうゆ	9g（大さじ½）
砂糖	9g（大さじ1）
オリーブ油	6g（小さじ1½）

作り方
1. かぶを皿に盛り、ねぎをちらす。
2. Aを混ぜてドレッシングを作り、まわりに飾る。

63kcal 塩分0.7g

野菜類

かぶ

滋賀県では、さまざまな大きさや色、形のかぶが10種類以上栽培されています。白いかぶは、古く江戸時代の文献に兵主かぶや近江かぶの記載があります。現在は、聖護院かぶなどの大かぶや小かぶが近江八幡市や東近江市などで多く生産されています。千枚漬けなどの漬物、酢の物、汁物、煮物、かぶら蒸しなどに利用します。

伝統料理　かぶの酢の物

97kcal
塩分 0.7g

かぶと柿のマリネ　旬の食材をぜいたくに

材料（2人分）

A	かぶ　薄切り	80g
	柿	60g
	みず菜（3cmに切る）	60g
B	酢	15g（大さじ1）
	塩	1.5g（小さじ¼）
	砂糖	3g（小さじ1）
	オリーブ油	12g（大さじ1）
ピンクペッパー		少々

作り方

❶ 器にAを形よく盛りつける。
❷ Bを混ぜ合わせてドレッシングを作り、①にかけペッパーをちらす。

かぶのしょうがあんかけ　　しょうがたっぷり体ぽかぽか

材料（2人分）

- かぶ（くし形に切る）……………………160g
- にんじん……………………………………60g
- A
  - 白ねぎ　　　　　　　　　　　　　　40g
  - しいたけ　みじん切り　　　　　　　20g
  - しょうが　　　　　　　　　　　　　10g
- だし汁…………………………………300g
- B
  - しょうゆ……………………12g（小さじ2）
  - みりん………………………12g（小さじ2）
  - 酒……………………………10g（小さじ2）
- 鶏ひき肉……………………………………20g
- かたくり粉（倍量の水で溶く）……3g（小さじ1）

作り方

1. にんじんは花型に抜き、残った部分はみじん切りにする。
2. 鍋にAを入れて加熱し、かぶとにんじんが軟らかくなったらBとひき肉を加えて熱し、水溶きかたくり粉でとろみをつける。

89kcal
塩分1.1g

かぶの彩りピック　　かぶでバーベキュー

材料（2人分）

- A
  - かぶ（2cmの角切り）………………140g
  - かぼちゃ（1cm厚さに切る）…………60g
- 油……………………………………4g（小さじ1）
- 豚ロース肉（かたまり）（一口大に切る）…80g
- B
  - ケチャップ………………10g（小さじ2）
  - しょうゆ……………………6g（小さじ1）

作り方

1. Aにラップをかけ、電子レンジで軟らかくなるまで加熱する。
2. 油を熱して①と豚肉を焼き、串にさす。
3. 器に盛り、Bを混ぜて添える。

129kcal
塩分0.6g

野菜類

水口かんぴょう
（みなくち）

甲賀市水口町のかんぴょうは有名で、近江の伝統野菜です。歌川広重は「東海道五十三次」の水口宿の図に、竿に干したかんぴょうを描いています。7月上旬〜8月下旬の最も暑い時期に、朝早くから収穫したゆうがおの果肉を3cmくらいのひも状にむいて、天日で干して作ります。さといもやとうがらしなどと炊いたり、すしの具にします。

伝統料理
水口かんぴょうとさといもの煮物

作り方▶131ページ

水口かんぴょうの牛肉サンド
牛肉ではさんでグレードアップ

材料（2人分）
かんぴょう	14g
バター	24g（大さじ2）
たまねぎ（薄切りし、水でさらす）	80g
砂糖	4.5g（大さじ½）
牛ランプ肉	180g
A 塩	0.8g（ひとつまみ）
こしょう	少々
B 赤ワインビネガー	10g（小さじ2）
薄口しょうゆ	6g（小さじ1）
はちみつ	3.5g（小さじ½）
白ねぎ（細切り）	6g
細ねぎ（10cmに切る）	2g

作り方
❶ かんぴょうはさっとゆで3cmに切る。
❷ 鍋にバターの半量を入れてたまねぎを炒め、①を加えてさらに炒め、砂糖で味を調えて器に取り出す。
❸ 牛肉をラップではさんで叩いて薄くのばしてAをふり、②をのせ、半分に折る。
❹ 両面を焼き、器に盛りつける。
❺ 残りのバターとBを加え、少し煮つめてソースを作り、④にかけて2種類のねぎを飾る。

249kcal
塩分1.2g

水口かんぴょうゼリー　夏に冷たいおすすめゼリー

材料（2人分）
かんぴょう		10g
A	水	80g
	砂糖	18g（大さじ2）
	白ワイン	8g
粉ゼラチン		3g（小さじ1）
水		25g
サイダー		100g
B	まくわうり	40g
	セロリ　5mmの角切り	40g
	くるみ	6g

作り方
① かんぴょうは水で戻して1cmに切り、Aで煮てコンポートを作る。
② ゼラチンを水でふやかし湯せんで溶かし、サイダーを加えてゼリー液を作る。
③ 器に①とBを入れて、②を流し入れ、冷やして固める。

184kcal　塩分0.3g

水口かんぴょうの梅さっぱりあえ　さわやか酸味で食べやすく

材料（2人分）
かんぴょう		14g
A	きゅうり　せん切り	50g
	みょうが	10g
B	ヨーグルト（無糖）	10g
	みそ	6g（小さじ1）
	梅干し（減塩）（ペースト）	5g
	砂糖	1g（小さじ⅓）
青じそ（せん切り）		1g（2枚）

作り方
① かんぴょうはさっとゆでて3cmに切り、さましてAと混ぜる。
② ①を混ぜたBであえて、しそをのせる。

36kcal　塩分0.6g

野菜類

伊吹大根

米原市伊吹に古くから伝わる近江の伝統野菜です。根の長さが15cmくらいの短い尻太のねずみ形で、首の周辺部分が赤紫色をおびています。収穫時期は11月以降、春まで続きます。おろしにして辛味を、ふろふき大根やおでんなどの煮物にして甘味を味わい、あえ物や漬物にもします。

伝統料理
わごんぼ

作り方▶132ページ

260kcal
塩分1.4g

伊吹大根の餃子　餃子の皮を大根で

材料（2人分）

伊吹大根（3mmの薄切り）		200g
A	豚ひき肉	140g
	にら（みじん切り）	100g
	しょうゆ	18g（大さじ1）
	酒	15g（大さじ1）
	ごま油	4g（小さじ1）
かたくり粉		9g（大さじ1）
油		4g（小さじ1）

作り方

1. Aを粘りが出るまでよく混ぜ、大根の枚数に等分する。
2. 大根を皿に広げ、ラップをして電子レンジで加熱し、しんなりしたら水気をふき取る。
3. ②の片面に茶こしでかたくり粉を薄く振り、①をのせて2つに折る。
4. 油を熱して③を入れ、中火で両面にこげ目をつけ、焼きあげる。

伊吹大根のそぼろあんかけ　みそを使った素朴なあんかけ

材料（2人分）

A
- 伊吹大根（3cmの輪切り）……… 160g
- 水……………………………… 200g
- 昆布…………………………… 2g

B
- だし汁………………………… 70g
- 酒………………………30g（大さじ2）
- 白みそ…………………9g（大さじ½）
- みそ……………………6g（小さじ1）

- 鶏ひき肉……………………… 100g
- かたくり粉（倍量の水で溶く）… 3g（小さじ1）
- しょうが（しぼり汁）………………… 1g
- 細ねぎ（小口切り）…………………… 4g

作り方

① 鍋にAを入れ、落しぶたをして軟らかくなるまで煮る。
② 別の鍋にBを入れて加熱し、沸騰したらひき肉を加え、箸で混ぜながら火を通す。
③ 水溶きかたくり粉でとろみをつけ、しょうがを加える。
④ 器に①の大根を入れ、③をかけ、ねぎを飾る。

146kcal 塩分0.7g

伊吹大根と豚肉の炒め煮　オイスターソースで濃厚に

材料（2人分）

- 伊吹大根（拍子木切り）……………… 150g
- 油……………………………2g（小さじ½）
- 豚肉（薄切り）（1cm幅に切る）………… 70g

A
- 水……………………………………… 70g
- オイスターソース……… 12g（大さじ¾）
- 酒………………………… 10g（小さじ2）
- 砂糖……………………… 2g（小さじ⅔）

作り方

① 油を熱して豚肉を炒め、大根を加えてさらに炒める。
② Aを加え、汁気がなくなるまで煮つめる。

176kcal 塩分0.7g

野菜類

山田大根

草津市北山田地区が主産地であった近江の伝統野菜で、白首、尻上がりでしっぽがねずみのように伸びています。肉質は軟らかくてきめが細かく、皮が薄いので、たくあん漬けに最適です。京都市場の大根の8割を占めた時代もありましたが、現在は大幅に減少しています。

伝統料理　ぜいたく煮

作り方 ▶ 132ページ

山田大根のきのこソースかけ　　きのこソースでおしゃれに

材料（2人分）

山田大根（根）（4つに輪切り）	160g
（葉）（4cmに切る）	20g
オリーブ油	8g（小さじ2）
A　しめじ（小房に分ける）	50g
しょうが（みじん切り）	10g
B　だし汁	50g
しょうゆ	12g（小さじ2）
酒	10g（小さじ2）
かたくり粉（倍量の水で溶く）	3g（小さじ1）
細ねぎ（小口切り）	2g

作り方

① 油を熱して、大根の根の両面に焼き色をつけ、ふたをして弱火で軟らかくなるまで加熱し、器に盛る。
② 次に、大根の葉とAを炒め、Bを加えて味ととろみをつける。
③ ①に②をかけ、ねぎをちらす。

75kcal　塩分 0.9g

山田大根とハムのサラダ　大根も洋風にアレンジ

材料（2人分）
山田大根（短冊切り）	140g
塩	1g（ひとつまみ）
ロースハム（短冊切り）	40g
A　酢	10g（小さじ2）
マヨネーズ	8g（小さじ2）
油	4g（小さじ1）
こしょう	少々
パセリ（みじん切り）	2g

作り方
① 大根は塩をまぶし、よくもみしぼる。
② ①とハムを混ぜ、Aであえてパセリを飾る。

100kcal
塩分 1.1g

山田大根とシジミとひき肉の煮物　大根にたっぷりうま味含ませて

144kcal
塩分 1.5g
Ca 126mg

材料（2人分）
山田大根（根）（7mm厚さのいちょう切り）	140g
（葉）（2cmに切る）	30g
身シジミ	50g
酒	10g（小さじ2）
油	4g（小さじ1）
A　豚ひき肉	40g
しょうが（みじん切り）	6g
B　だし汁	170g
しょうゆ	18g（大さじ1）
砂糖	9g（大さじ1）
ゆずの皮（せん切り）	6g

作り方
① シジミは、酒でさっといり煮にする。
② 鍋に油を熱してAを炒め、大根の根も入れて炒める。
③ Bを加えて煮込み、根が軟らかくなったら①と葉を加え、器に盛ってゆずをのせる。

野菜類

杉谷とうがらし

甲賀市甲南町杉谷地区で栽培されてきた近江の伝統野菜です。形はししとうに似ていますが、真ん中で曲がり、辛くないのが特徴です。収穫期は7月下旬～9月下旬で、皮は薄くて苦味やあくがなく、みずみずしくほのかに甘味があります。焼物、煮物、炒め物のほかサラダでも食べられます。

伝統料理 杉谷とうがらしの花カツオかけ

121kcal
塩分 0.7g

杉谷とうがらしとタコのイタリア風　にんにくで夏バテ知らず

材料（2人分）
- 杉谷とうがらし（へたと種を除く）…80g
- オリーブ油……………12g（大さじ1）
- にんにく（薄い輪切り）……10g（2片）
- A
  - ゆでタコ（薄切り）……………70g
  - しいたけ（5mm幅に切る）………40g
- ミニトマト（半分に切る）……………70g
- 塩………………………1g（ひとつまみ）

作り方
1. とうがらしは縦に切る。
2. 油ににんにくを入れて弱火で加熱し、にんにくがきつね色になれば、取り出す。
3. 次に、①とAを炒め、トマトも加えて炒め、塩で味を調える。
4. 器に盛り、②をトッピングする。

杉谷とうがらしのしいたけみそ　素材の持ち味残してシンプルに

材料（2人分）
杉谷とうがらし……………………… 100g
A　しいたけ（焼いてみじん切り）……… 40g
　　みそ……………………… 18g（大さじ1）
　　砂糖……………………… 12g（小さじ4）
白ねぎ（細く切る）………………… 10g

作り方
① とうがらしは、へたを取って縦に切り目を入れ種を除いて焼く。
② 鍋にAを入れ、混ぜながら加熱してきのこみそを作る。
③ 器に①を盛り、②をかけねぎをのせる。

60kcal
塩分 1.1g

杉谷とうがらしの甘辛煮　ほどよいとろみで味からむ

材料（2人分）
杉谷とうがらし……………………………… 80g
こんにゃく…………………………………… 120g
油……………………………… 4g（小さじ1）
豚ひき肉……………………………………… 30g
A　だし汁………………………………… 30g
　　しょうゆ………………………… 18g（大さじ1）
　　みりん…………………………… 18g（大さじ1）
　　赤とうがらし（輪切り）……… ¼本（少々）
かたくり粉（倍量の水で溶く）… 3g（小さじ1）

作り方
① とうがらしは、へたを取って3つに切る。
② こんにゃくは格子状に切り込みを入れ7mm×14mmくらいに切って、湯通しする。
③ 油を熱してひき肉を炒めて、①と②を加えてさらに炒める。
④ Aを加えて煮汁がほとんどなくなるまで煮つめ、水溶きかたくり粉でとろみをつける。

102kcal
塩分 1.3g

野菜類

杉谷なすび

甲賀市甲南町杉谷地区で、古くから栽培されている近江の伝統野菜です。1つが300〜400gの大きな丸なす系（巾着型(きんちゃくがた)）の一種です。紺色がさえて美しく、皮まで軟らかくてあくが少ないのが特徴です。煮崩れしにくく、油にも合うので、煮物や田楽、揚げ物、さらにサラダでもおいしいです。

伝統料理
杉谷なすびの煮物

157kcal
塩分 1.6g
Ca 152mg

杉谷なすびの重ね焼き
とろーりチーズでなすびを豪華に

材料（2人分）

A	杉谷なすび	200g
	トマト	100g
B	塩	2g（小さじ ⅓）
	こしょう	少々
小麦粉		6g（小さじ2）
バター		12g（大さじ1）
スライスチーズ		40g
パセリ（みじん切り）		2g

作り方

❶ なすびはへたを切って横に1.5〜2cmくらいの厚さに切り、トマトはへたを切って1cmくらいの厚さの輪切りにする。

❷ ①にBをふり、なすびの切り口に小麦粉をまぶす。

❸ バターを熱し、②のなすびが軟らかくなるまで両面を焼く。

❹ ③の上にトマト、チーズをのせてオーブントースターでチーズがとろけるまで焼き、パセリをのせる。

杉谷なすびのサラダ　　コロコロサラダ、なすびも生で

材料（2人分）
杉谷なすび	………	120g
A｛きゅうり／トマト／セロリ　1cmの角切り	………	60g／60g／40g
オリーブ油	………	20g（大さじ1 2/3）
B｛レモン汁	………	10g（レモン1/3コ分）
塩	………	1g（ひとつまみ）
こしょう	………	少々
サラダ菜	………	20g
パルメザンチーズ	………	5g（大さじ1）
青じそ（せん切り）	………	1g（2枚）

作り方
1. なすびは水につける。
2. 水気を切った①とAをざっくり混ぜて油をまぶし、Bを加えて混ぜる。
3. 器にサラダ菜をしき、②を盛ってチーズをかけ、しそを飾る。

133kcal　塩分 0.6g

杉谷なすびの鶏みそかけ　　鶏みそで栄養アップ

材料（2人分）
杉谷なすび	………	300g
油	………	8g（小さじ2）
A｛しょうが（みじん切り）	………	5g
鶏ひき肉	………	40g
B｛だし汁	………	50g
みそ	………	30g（大さじ1 2/3）
砂糖	………	6g（小さじ2）
みりん	………	15g（小さじ2 1/2）
山椒の葉	………	2枚

作り方
1. なすびの上下を切り落とし、横2等分に切る。
2. 油を熱してなすびを焼き、両面に焼き色がついたらふたをして軟らかくなるまで焼き、器に盛る。
3. 別の鍋でAを炒め、色が変わればBを加えて混ぜながら煮つめ、鶏みそを作る。
4. ②の切り口に③を塗り、山椒の葉をのせる。

180kcal　塩分 1.9g

野菜類

下田なす

近江の伝統野菜で、湖南市下田地区で栽培されてきた小さい卵形のなすです。6月末〜10月にかけて収穫されます。へたの下が白くて皮は軟らかく、水分をたっぷりと含み、ほのかな甘味があります。糠みそ漬けや一夜漬け、からし漬けのほか、煮物、素揚げ、天ぷらなどに使われます。

伝統料理

下田なすと
きゅうりの一夜漬け

作り方▶132 ページ

157kcal
塩分 1.2g

下田なすのエビはさみ揚げ　すり身をはさんで揚げ物に

材料（2人分）

下田なす		160g
エビ		60g
A	溶き卵	10g
	みそ	9g（大さじ½）
	小麦粉	3g（小さじ1）
	青じそ（みじん切り）	1g（2枚）
揚げ油		適量
B	塩	1g（ひとつまみ）
	抹茶	0.5g（少々）

作り方

1. なすは、へたを残して縦に十文字に切り込みを入れ、水につける。
2. エビは殻をむき、包丁でたたいてすり鉢ですり、Aを加えてよく混ぜる。
3. ①の水気をふき取り、切り込みに②をはさみ揚げる。
4. 器に盛って、Bを添える。

下田なすのオランダ煮　かわいい小なすのおばんざい

材料（2人分）
下田なす……………………………… 160g
ごま油………………… 6g（大さじ½）
A ｜ だし汁……………………………… 100g
　｜ しょうゆ………… 12g（小さじ2）
　｜ 酒………………… 10g（小さじ2）
　｜ 砂糖……………… 6g（小さじ2）
しょうが（すりおろす）…………… 4g

作り方
① なすはへたを落とし、縦に切り目を入れ水につける。
② 油を熱し、水気を切った①を炒めAを加えて煮る。
③ 器に盛り、しょうがをのせる。

68kcal
塩分 0.9g

下田なすのアイオリソース　焼きなすをスペイン風に

材料（2人分）
下田なす……………………………… 160g
アイオリソース
　にんにく（すりおろす）………… 1g
A ｜ オリーブ油………… 6g（大さじ½）
　｜ マヨネーズ……… 16g（小さじ4）
　｜ 黒こしょう……………………… 少々
パセリ（みじん切り）………………… 1g

作り方
① なすは、こげ目がつくまで焼き、水につけ皮をむいてへたを切る。
② にんにくに油を少しずつ加えてクリーム状にし、Aを加えて混ぜソースを作る。
③ ①を適当に切って盛り、②をかけ、パセリを飾る。

100kcal
塩分 0.2g

野菜類

豊浦ねぎ
とようら

冬の野菜で霜や雪にあたって甘みを増します。古くから近江八幡市安土町下豊浦（しもといら）で栽培された近江の伝統野菜です。九条ねぎ系の青ねぎですが、白色の部分が多いので根深（ねぶか）ともいわれています。軟らかくて甘みがありシャキシャキとした歯ざわりもあります。酢みそあえやじゅんじゅん、ねぎご飯などにして食べます。

伝統料理
豊浦ねぎの酢あえ

作り方▶133ページ

豊浦ねぎとじゃがいものスープ　ベーコンでうま味アップ

116kcal
塩分 0.9g

材料（2人分）

豊浦ねぎ（3cmに切る）	120g
油	6g（大さじ½）
にんにく（みじん切り）	4g
ベーコン（厚切り）（2cmの角切り）	20g
じゃがいも（3cmの角切り）	60g
A　水	360g
白ワイン	10g
顆粒コンソメ	1g
ローリエ	小1枚
塩	1g（ひとつまみ）
こしょう	少々

作り方

❶ 鍋で油とにんにくを温め、ベーコンを入れて炒める。
❷ じゃがいもとAを加えて軟らかくなるまで煮込み、ねぎを加えて火を止める。
❸ 塩、こしょうで味を調える。

豊浦ねぎのイタリア風炒め　アンチョビの塩味とにんにく風味で

材料（2人分）
豊浦ねぎ（2cmの斜め切り）………… 80g
オリーブ油………………… 4g（小さじ1）
A｜にんにく（みじん切り）… 10g（2片）
　｜赤とうがらし（種をとって輪切り）
　｜………………………………… ½本
アンチョビ（粗みじん切り）………… 6g
しめじ（小房に分ける）……………… 80g

作り方
① 油にAを入れて弱火で温める。
② にんにくの香りが立ったらアンチョビを加えて炒める。
③ しめじを炒め、ねぎを加えてしんなりするまで炒める。

49kcal
塩分 0.4g

豊浦ねぎの油揚げ巻き　ねぎと油揚げのごちそう

221kcal
塩分 1.0g
Ca 179mg

材料（2人分）
豊浦ねぎ（油揚げの長さに切る）………… 120g
ごま油……………………………… 4g（小さじ1）
油揚げ……………………………………… 80g
みつ葉（さっとゆでる）…………………… 20g
A｜水………………………………………… 20g
　｜しょうゆ……………………… 12g（小さじ2）
　｜みりん………………………… 12g（小さじ2）
　｜豆板醤…………………………………… 1g

作り方
① 油を熱してねぎをこげ目がつくまで焼き、器に移す。
② 油揚げの長い一辺を残して三辺を切って広げ、①をのせて巻き、みつ葉で2カ所結ぶ。
③ ②を焼き色がつくまでゆっくりと焼き、Aを加えて全体に味をからめる。
④ 2等分に切って器に盛る。

野菜類

秦荘(はたしょう)のやまいも

伝統料理
とろろ汁

愛知郡愛荘町(えちあいしょうちょう)(旧秦荘町)で古くから作られているやまいもで、近江の伝統野菜です。10月下旬～12月上旬に収穫します。皮が茶褐色の棒状で、独特のでこぼこがあります。あくが少なく、強い粘りとまろやかな舌ざわり、甘味が特徴です。とろろ汁や山かけ、かば焼き、和菓子の材料に用います。

118kcal
塩分 0.4g

秦荘のやまいものふわふわ焼き
体が喜ぶお好み焼き風

材料(2人分)

A
- 秦荘のやまいも(すりおろす) … 140g
- 豆腐 … 40g
- 塩 … 0.5g(少々)

油 … 4g(小さじ1)

B
- 青ねぎ(小口切り) … 10g
- 紅しょうが(みじん切り) … 4g

作り方
❶ Aをよく混ぜ、油を熱したフライパンに広げる。
❷ Bをトッピングし、裏返して焼き、両面にこげ目をつける。

秦荘のやまいものバター炒め　さっと炒めてシャキシャキと

材料（2人分）
- 秦荘のやまいも（拍子木切り）………150g
- バター……………………………………10g
- A
  - 鶏肉（ささ身）（棒状に切る）……100g
  - なめこ（ほぐす）……………………50g
- しょうゆ……………………12g（小さじ2）
- 焼きのり（きざむ）………………………1g

作り方
1. バターを熱し、Aを炒めて火を通す。
2. やまいもとしょうゆを加え、さっと炒める。
3. 器に入れ、のりを盛る

191kcal
塩分1.0g

秦荘のやまいもの団子汁　もちっとした楽しい食感

材料（2人分）
- 秦荘のやまいも（すりおろす）……80g
- だし汁………………………………300g
- A
  - にんじん（せん切り）……………20g
  - 油揚げ（細切り）…………………20g
- みず菜（4cmに切る）………………30g
- B
  - しょうゆ……………3g（小さじ½）
  - 塩……………………2g（小さじ⅓）

作り方
1. だし汁を熱してAを加え、沸騰したら中火にする。
2. やまいもをスプーンですくって落とし入れる。
3. やまいもが浮いてきたらみず菜を入れ、Bで味を調える。

142kcal
塩分1.4g

野菜類

さといも

米が伝来する以前の主要な農作物でしたが、米の伝来後は各種の雑穀とともに米を支える重要な役割を担ってきました。正月、祭り、行事のほか、豊作祈願の神事や仏事などにも欠かせないものです。滋賀県では彦根市、長浜市での生産量が多く、雑煮、棒ダラとの炊き合わせ、いとこ煮、汁の実、芋つぶし、炊き込みご飯などに用います。

伝統料理
さといもと棒ダラの炊き合わせ

作り方▶133ページ

さといもの牛肉巻き　牛肉巻いて一口で

材料（2人分）
- さといも（1.5cm厚さの輪切り）…200g
- 牛肉（薄切り）……………………100g
- A
  - 塩……………………0.3g（少々）
  - こしょう………………………少々
- B
  - バルサミコ酢……16g（大さじ1）
  - しょうゆ………… 6g（小さじ1）
- ベビーリーフ……………………15g

作り方
1. さといもはラップをして電子レンジで軟らかくなるまで加熱する。
2. 牛肉を広げてAをふり、①を巻く。
3. 油を熱し、②を焼き、Bを加えてからめる。
4. 器に盛り、ベビーリーフをのせる。

186kcal
塩分 0.6g

さといものミルク煮　かくし味にみそを

材料（2人分）

A
- さといも（一口大に切る）… 200g
- たまねぎ ……… 60g
- ベーコン　1cmの角切り……… 40g
- にんじん ……… 20g

油……………… 8g（小さじ2）

B
- 牛乳……… 210g（カップ1）
- みそ……… 12g（小さじ2）

ブロッコリー（小房に分けてゆでる）
……………… 40g

作り方
① 油を熱してAを炒める。
② Bを加え、とろみが出るまで弱火で煮る。
③ ブロッコリーを混ぜ、器に盛る。

279kcal
塩分 1.3g
Ca 149mg

さといものお焼き　子どものおやつに手軽

材料（2人分）

さといも（一口大に切る）……… 200g

A
- ツナ缶……………… 40g
- チーズ（5mmの角切り）……… 20g
- パセリ（みじん切り）……… 4g
- かたくり粉……… 18g（大さじ2）
- 塩……………… 0.4g（少々）
- こしょう……………… 少々

油……………… 8g（小さじ2）

作り方
① さといもはラップをして電子レンジで軟らかくなるまで加熱し、つぶす。
② Aと混ぜ、小判形に成形する。
③ 油を熱し、こげ目がつくまで両面を焼く。

213kcal
塩分 0.7g

野菜類

じゃがいも

伝統料理
蒸しじゃがいもの木の芽みそ

これまではメークインや男爵(だんしゃく)が主でしたが、近年は濃い黄色のキタアカリやインカのめざめ、アンデスレッドなど種類が増えています。草津市、東近江市、米原市を中心に県内各地で栽培され、6月〜7月には新じゃがいもが出回ります。肉じゃが、コロッケ、サラダ、フライドポテトなどに活躍します。

ポテトオムレツ　混ぜて焼くだけスパニッシュ

材料（2人分）
- 卵（溶きほぐす）……… 100g（2コ）
- 油……………………… 8g（小さじ2）
- A ｜じゃがいも ｜1cmの角切り …100g
  　｜たまねぎ　 ｜　　　　　　　…100g
- 塩……………………… 1g（ひとつまみ）
- こしょう……………………………… 少々
- パセリ………………………………… 8g
- ケチャップ…………… 18g（大さじ1）

作り方
1. 油を熱し、Aに火が通るまで炒め、塩、こしょうで味を調え、取り出して粗熱(あらねつ)をとる。
2. パセリの3/4量をみじん切りにする。
3. 卵に①と②を加えてよく混ぜ合わせ、2等分してそれぞれを焼く。
4. 皿にケチャップをしき、②を盛りパセリを添える。

181kcal
塩分 1.0g

サワーポテト　ヨーグルトとチーズでまろやかな食感

材料（2人分）
- じゃがいも（乱切り）……… 160g
- A
  - ヨーグルト……… 80g
  - 粉チーズ……… 6g
  - 砂糖……… 1.5g（小さじ½）
  - 塩……… 1g（ひとつまみ）
  - 乾燥バジル……… 少々

作り方
1. じゃがいもは軟らかくゆでる。
2. Aを混ぜ合わせ、①をあえる。

103kcal 塩分 0.6g

ポテトパッタイ　じゃがいもでタイ風焼きそば

171kcal 塩分 1.6g

材料（2人分）
- じゃがいも（せん切り）……… 160g
- 油……… 12g（大さじ1）
- A
  - にんにく（みじん切り）……… 10g
  - 赤とうがらし（種をとって輪切り） ……… 1本
- 鶏ひき肉……… 40g
- にんじん（短冊切り）……… 20g
- 細ねぎ（斜め切り）……… 10g
- B
  - ナンプラー……… 12g（小さじ2）
  - オイスターソース……… 3g
- レモン汁……… 5g

作り方
1. 油にAを入れて加熱し、ひき肉を加えてパラパラになるまで炒める。
2. にんじんを加えてさっと炒め、じゃがいもを加え、最後にねぎも炒める。
3. Bを全体にまわし入れ、レモン汁をかける。

MEMO
パッタイとは、タイの焼きそばのことです。じゃがいもを麺にみたて、細切りにしました。

野菜類

赤こんにゃく

近江八幡市の名物です。赤色は三二酸化鉄によるもので、通常のこんにゃくに比べて鉄が豊富です。由来には派手好きな信長によるとか、左義長（さぎちょう）祭りの山車の赤紙（だし）によるなど諸説があります。きめが細かく滑らかな舌ざわりが特徴です。煮物やおでん、田楽、刺身などとして、日常や正月、祭り、法事などに利用されます。

伝統料理
赤こんにゃくのカツオ煮

作り方▶134ページ

42kcal
塩分 0.8g

赤こんにゃくの田楽　おしゃれ田楽チーズ入り

材料（2人分）

赤こんにゃく	3cmの角切り	60g
白こんにゃく		60g
A みそ		12g（小さじ2）
A みりん		12g（小さじ2）
A 砂糖		3g（小さじ1）
A 粉チーズ		2g（小さじ1）
細ねぎ（みじん切り）		10g

作り方

① 赤と白こんにゃくは、湯通しして器に並べる。
② Aを混ぜ、電子レンジで加熱して砂糖を溶かし、ねぎを混ぜる。
③ こんにゃくに②をのせる。

赤こんにゃくの白あえ なじみの白あえを赤こんにゃくで

材料（2人分）
赤こんにゃく（3㎝の細切り）… 100g
A
- しょうゆ……………12g（小さじ2）
- みりん………………12g（小さじ2）
- 酒……………………10g（小さじ2）
- 砂糖……………………6g（小さじ2）

B
- 豆腐（水切りする）………… 100g
- かいわれ大根（3㎝に切る）… 20g
- すりごま………………………… 6g

作り方
1. 赤こんにゃくは湯通しする。
2. 鍋に①、Aを入れ、汁気がなくなるまで煮つめる。
3. ②とBをよく混ぜる。

MEMO
豆腐の水切り：豆腐をキッチンペーパーで包み、皿などで重しをしてしばらく置く。

86kcal
塩分 0.9g

赤こんにゃくのピリ辛炒め ピリッとした味で食すすむ

材料（2人分）
赤こんにゃく（1㎝の角切り）… 140g
A
- 赤とうがらし（種をとって輪切り）
  ……………………………… ½本
- ごま油……………… 8g（小さじ2）

しめじ（小房に分ける）……………60g
B
- しょうゆ……………18g（大さじ1）
- 酒……………………15g（大さじ1）
- みりん………………12g（小さじ2）

作り方
1. 赤こんにゃくは湯通しする。
2. Aを弱火で加熱し、①を入れてよく炒め、しめじを加えてさらに炒める。
3. Bを加え、汁気がなくなるまで煮つめる。

75kcal
塩分 1.3g

野菜類

かぼちゃ

日本・西洋・ペポかぼちゃのうち、現在は橙(だいだい)色が濃く、甘くてホクホクした西洋かぼちゃがほとんどです。滋賀県では、東近江市、甲賀市、近江八幡市で「えびす」や「くりゆたか」などが、豊郷町(とよさと)では小さな「坊ちゃんかぼちゃ」が栽培されています。煮物や天ぷら、コロッケのほか、お菓子の材料に用います。

伝統料理　いとこ煮

かぼちゃとひき肉のコロッケ　揚げないコロッケ手間いらず

189kcal 塩分 0.4g

材料（2人分）
- かぼちゃ（小さく切る）……… 200g
- 油………………………… 4g（小さじ1）
- A
  - 豚ひき肉……………………… 40g
  - たまねぎ（みじん切り）……… 40g
- B
  - 塩………………… 0.4g（少々）
  - こしょう……………………… 少々
- パン粉……………………………… 10g
- ケチャップ…………………………… 6g
- オクラ（ゆでて縦4つに切る）…… 20g

作り方
1. かぼちゃはラップをして、電子レンジで軟らかくなるまで加熱し、つぶす。
2. 油を熱し、Aを炒める。
3. ①、②、Bを混ぜ、小さいボール形に成形する。
4. フライパンにパン粉を入れて熱し、軽くこげ目をつける。
5. ④に③を入れて転がし、パン粉を全面にまぶす。
6. 器に盛り、ケチャップとオクラを飾る。

かぼちゃのチーズカリカリ　おやつにもおつまみにも

材料（2人分）
かぼちゃ（5mm厚さに切る）……… 60g
油………………………… 4g（小さじ1）
ピザ用チーズ………………………… 60g
パセリ………………………………… 2g

作り方
❶ 油を熱してかぼちゃを入れ、中火で軽くこげ目をつけて取り出す。
❷ チーズを広げて①をのせ、弱火でチーズがカリカリになるまで加熱する。
❸ 器に盛り、パセリを添える。

160kcal
塩分 0.6g
Ca 211mg

かぼちゃとズッキーニのサラダ　似たもの同士の組み合わせ

材料（2人分）
A ｜ かぼちゃ ┐3mm厚さに切る … 100g
　｜ ズッキーニ ┘………… 40g
　｜ しめじ（ほぐす）………………… 40g
B ｜ マヨネーズ……………… 8g（小さじ2）
　｜ みそ……………………… 6g（小さじ1）

作り方
❶ かぼちゃはラップをし、電子レンジで軟らかくなるまで加熱する。
❷ Aをオーブントースターで軽く焼く。
❸ ①、②を混ぜ、Bであえる。

86kcal
塩分 0.4g

野菜類

そうめんかぼちゃ

伝統料理
そうめんかぼちゃの酢の物

熟果は淡黄色の楕円球形で、輪切りにしてゆでると果肉がそうめん状にほぐれることから金糸瓜(きんしうり)、糸瓜(いとうり)ともいわれます。能登(のと)(石川県)の伝統野菜で岡山、滋賀、京都などでも栽培されています。7〜8月に収穫され12月までおいしく食せます。低カロリーでさわやかな食感が楽しめ、酢の物、汁物、炒め物に使われます。

そうめんかぼちゃとひき肉の炒め物

珍しいかぼちゃお試しを

材料(2人分)

そうめんかぼちゃ(5cmに切る)…200g
A ┌ たまねぎ ┐   20g
  │ ピーマン │みじん切り 20g
  └ 赤パプリカ ┘   20g
ごま油………………… 12g(大さじ1)
豚ひき肉……………… 60g
B ┌ 酒 …………………15g(大さじ1)
  └ しょうゆ……………9g(大さじ½)
C ┌ 塩 …………………0.5g(少々)
  └ こしょう……………少々

作り方

❶ Aは耐熱容器に入れ、軟らかくなるまで電子レンジで加熱する。
❷ 油を熱してひき肉を炒め、色が変われば そうめんかぼちゃ、①を加えて炒める。
❸ Bを加えて炒め、Cで味を調える。

MEMO
3cmの輪切りにし、種とワタを取って沸騰したたっぷりの湯で7〜8分ゆでて水にとり、ほぐして使用する。

193kcal
塩分 1.0g

そうめんかぼちゃとツナのあえ物　黄色いかして鮮やかに

材料（2人分）

- A
  - そうめんかぼちゃ（3cmに切る）… 100g
  - ツナ缶（ほぐす）……………… 60g
  - きゅうり（3cmのせん切り）……… 60g
  - にんじん ┐ゆでて3cmのせん切り… 20g
  - 赤パプリカ ┘ 16g
- マヨネーズ……………… 24g（大さじ2）
- B
  - 塩……………… 0.5g（少々）
  - こしょう……………… 少々

作り方

❶ Aをよく混ぜてマヨネーズであえ、Bで味を調える。

187kcal
塩分 0.7g

そうめんかぼちゃと豆乳のみそ汁　豆乳でまろやかヘルシー

材料（2人分）

- そうめんかぼちゃ（5cmに切る）… 80g
- だし汁……………… 150g
- 豆乳……………… 150g
- 白みそ……………… 40g
- みつ葉（葉）……………… 1g（2枚）
- 一味とうがらし……………… 少々

作り方

❶ だし汁を温め、そうめんかぼちゃを入れる。

❷ 豆乳を加えて温まれば、みそを溶き入れて器に注ぎ、みつ葉をおき、とうがらしをふる。

103kcal
塩分 1.4g

野菜類

きゅうり

平安時代から栽培されていましたが、普及は品種改良された幕末のころからです。旬は夏ですが、近年はハウス栽培により年中出回っています。東近江市や野洲市、守山市などで栽培が盛んです。もぎたては、みずみずしくパリッとした歯ごたえがあり、独特の香りや甘味もあります。酢の物、サラダ、漬物などで食べます。

伝統料理
丁字麩ときゅうりのからし酢みそ

作り方▶134ページ

きゅうりとエビのにんにく炒め　きゅうりを炒め中華風

材料（2人分）
- きゅうり（1㎝の輪切り）…………160g
- ごま油……………………6g（大さじ½）
- にんにく（薄切り）…………5g（1片）
- A
  - むきエビ……………………120g
  - ピーナッツ（粗いみじん切り）15g
- B
  - しょうゆ……………6g（小さじ1）
  - 砂糖………………3g（小さじ1）
  - 塩……………………1g（ひとつまみ）
- かたくり粉……………2g（小さじ⅔）
  （倍量の水で溶く）

作り方
1. 油とにんにくを弱火で加熱し、きゅうりとAを加えて炒める。
2. Bを加えて味をからめ、水溶きかたくり粉でとろみをつける。

147kcal
塩分 1.3g

きゅうりとトマトのスープ　あっさり夏向きスープ

材料（2人分）
- きゅうり（4cmの薄切り）……………… 80g
- A
  - 水……………………………… 300g
  - 酒…………………… 5g（小さじ1）
  - 顆粒中華だし…………… 2g（小さじ1/3）
- トマト（1.5cmの角切り）……………… 60g
- 卵（溶きほぐす）………………… 50g（1コ）
- B
  - 塩…………………… 0.8g（ひとつまみ）
  - こしょう……………………………… 少々

作り方
1. 鍋にAを入れて沸騰させ、きゅうりとトマトを加えてひと煮立ちさせる。
2. 卵を流し入れて、Bで味を調える。

54kcal
塩分1.0g

きゅうりの甘酢漬け　きゅうりがたくさんある時に

材料（2人分）
- きゅうり（4cmの十文字に切る）…120g
- ごま油………………… 8g（小さじ2）
- 赤とうがらし（輪切り）……………… 少々
- A
  - 酢………………… 15g（大さじ1）
  - しょうゆ………… 12g（小さじ2）
  - 砂糖……………… 6g（小さじ2）
  - 塩………………… 1g（ひとつまみ）

作り方
1. 油を熱し、とうがらしときゅうりを入れてさっと炒める。
2. Aを加えて手早く炒め、急冷する。

63kcal
塩分1.4g

野菜類

杉谷うり

甲賀市甲南町杉谷地区で杉谷なすびや、杉谷とうがらしとともに古くから栽培されています。すらっと細長い中型の白うりで、黄緑色がきれいです。皮は薄く、肉厚で歯ごたえがあり、青臭くないので、サラダや酢の物のほか、漬物、煮物に使われます。

伝統料理
杉谷うりの酢の物

122kcal
塩分 1.1g

杉谷うりの中華スープ　夏にうれしい具だくさんスープ

材料（2人分）

A	杉谷うり（薄切り）	140g
	水	300g
B	酒	10g（小さじ2）
	ごま油	4g（小さじ1）
	顆粒中華だし	3g（小さじ½）
塩		1g（ひとつまみ）
こしょう		少々
C	ハム（せん切り）	40g
	しいたけ（そぎ切り）	30g
かたくり粉（倍量の水で溶く）		4.5g（大さじ½）
卵（溶きほぐす）		50g（1コ）
細ねぎ（小口切り）		4g

作り方

1. 鍋にAを入れて軟らかくなるまで煮る。
2. Bを加えて、塩とこしょうで味を調え、Cを入れる。
3. 水溶きかたくり粉を加えてとろみをつけ、卵を流し入れて半熟になれば火を止め、ねぎをのせる。

MEMO
杉谷うりの料理は、すべて皮をむいて縦半分に切り種を除いて使う。

杉谷うりとウナギのレモンサラダ　　レモンをきかせてさっぱりと

材料（2人分）
- 杉谷うり（薄切り）……………… 120g
- 塩 ………………………………… 1g
- たまねぎ（薄切り）……………… 20g
- ウナギ（かば焼き）……………… 60g
- ミニトマト（縦に6等分に切る）… 20g
- A
  - レモン汁…… 15g（レモン½コ分）
  - こしょう……………………… 少々
- B
  - レモン（いちょう切り）……… 5g
  - 青じそ（みじん切り）… 1g（2枚）

作り方
1. うりは塩をふり、しんなりしたら水洗いしてしぼる。
2. たまねぎは水にさらした後しぼる。
3. ウナギは5mm幅に切る。
4. ①、②、③とトマトをざっくり混ぜてAであえ、Bをちらす。

103kcal
塩分 0.9g

杉谷うりと鶏肉の煮物　　鶏肉焼いてうま味逃がさず

214kcal
塩分 1.6g

材料（2人分）
- A
  - 杉谷うり（1cm幅に切る）… 280g
  - だし汁……………………… 300g
- B
  - みりん……………18g（大さじ1）
  - しょうゆ…………18g（大さじ1）
  - 酒…………………15g（大さじ1）
- 鶏もも肉（一口大に切る）……… 150g
- しょうが（すりおろす）…………… 5g

作り方
1. 鍋にAを入れて軟らかくなるまで加熱し、Bを加える。
2. 鶏肉は、皮の部分にこげ目がつくまでフライパンで焼き、①に加えてしばらく煮る。
3. 器に盛り、しょうがをのせる。

野菜類

とうがん

とうがんは「かもうり」ともいわれ、7〜8月に収穫されます。完熟すると表皮が固くなり、丸のままなら冬まで保存できるので「冬瓜」と書かれます。味や香りに個性はありませんが、うっすらと緑色が残った白い果肉は清涼感があり、夏にふさわしい食材です。煮物、蒸し物、酢の物、スープなどさまざまに利用されます。

伝統料理
とうがんのそぼろあんかけ

70kcal
塩分 0.4g

とうがんとエビ団子の煮込み
淡白で清涼感ある煮込み

材料（2人分）
とうがん（2㎝の角切り）	200g
エビ（殻をむき背わたをとる）	100g
A 卵白	20g
かたくり粉	2g（小さじ2/3）
塩	0.5g（少々）
B 水	200g
顆粒中華だし	4g（小さじ2/3）
こしょう	少々
細ねぎ（小口切り）	6g

作り方
1. エビとAをフードプロセッサーに入れてよく混ぜる。
2. 鍋にBととうがんを入れ弱火で軟らかくなるまで煮たあと、①を丸めながら加えて、こしょうをふる。
3. 器に盛り、ねぎをちらす。

MEMO
とうがんは皮をむき、スプーンなどで種を取り除いて使用する。

とうがんのすり流し　熱くてもよし　冷たくてもよし

材料（2人分）
とうがん（すりおろす）･･････････････ 200g
A ┃ だし汁･･････････････････････････ 200g
　┃ 酒･････････････････････ 10g（小さじ2）
　┃ 薄口しょうゆ････････････ 6g（小さじ1）
　┃ 塩･･････････････････････ 0.5g（少々）
B ┃ 豆腐（1cmのさいの目切り）･････････ 70g
　┃ ハム（2cmのせん切り）････････････ 10g
　┃ ベビーコーン（塩ゆでし、小口切り） 10g
しょうが（みじん切り）･･･････････････ 4g
細ねぎ（小口切り）･･･････････････････ 2g

作り方
① Aを煮立て、とうがんとBを加えて豆腐が温まるまで加熱する。
② 器に盛って、しょうがとねぎをのせる。

57kcal
塩分 1.0g

とうがんのアジアンサラダ　とうがんをエスニックに

材料（2人分）
A ┃ とうがん（せん切り）･･･････････ 140g
　┃ なす　┐　　　　　　　　････････ 70g
　┃ トマト┘一口大に切る　････････ 50g
　┃ にんじん（せん切り）･･････････ 20g
　┃ にんにく（みじん切り）･･････････ 3g
B ┃ イカの塩辛┐　　　　　　････････ 12g
　┃ ピーナッツ┘みじん切り　･･････ 6g
　┃ ナンプラー･･････････ 12g（小さじ2）
　┃ 砂糖･･････････････････ 6g（小さじ2）
ライム汁･･････････････････････････ 20g
ライム（輪切り）･･･････････････････ 10g

作り方
① Aをざっくりと混ぜ、Bであえ、ライム汁をかける。
② 器に盛り、ライムを添える。

72kcal
塩分 1.8g

野菜類

トマト

旬は6月〜9月ごろですが、赤色の大玉、ミディ、ミニ、フルーツトマトや黄色や緑色のトマトなど、いろいろな種類と大きさのものが年中店頭を賑わしています。昔からトマトを食べると「トマトの医者いらず」といわれるほど栄養価の高い野菜です。サラダやスープ、シチュー、ソースのほか、ピューレやケチャップなど加工食品にも利用されます。

112kcal
塩分 1.0g

ラタトゥイユ　野菜の水分で煮込む夏の定番

材料（2人分）

A
- トマト ……………………………… 160g
- たまねぎ ……………………………… 50g　｝1.5cmの角切り
- かぼちゃ ……………………………… 40g
- パプリカ ……………………………… 20g
- なす ……………………………… 30g　｝1cm幅の半月切り
- ズッキーニ ……………………………… 30g

B
- にんにく（つぶす） ……………… 5g（1片）
- オリーブ油 ……………………… 12g（大さじ1）

C
- 固形コンソメ ………………… 2.5g（½コ）
- ローリエ ……………………………… 1枚

塩 ……………………………… 1g（ひとつまみ）
こしょう ……………………………………… 少々

作り方

❶ 鍋にBを入れて火にかけ、香りがでたらAの硬い材料から順に加えて炒める。

❷ 野菜に火が通ったら、Cを入れふたをして弱火で煮込み、塩、こしょうで味を調える。

ペンネのトマトソース　基本のトマトソースをパスタに

材料（2人分）

トマト ┐ 1cmの角切り	………	200g
たまねぎ ┘	………	100g
バター	………………	10g
A 水	………………	100g
乾燥バジル	………………	1g
塩	………	2g（小さじ⅓）
ペンネ	………………	100g

作り方

① バターを溶かし、たまねぎがきつね色になるまで炒める。
② トマトとAを加えて軟らかくなるまで煮込み、塩で味を調える。
③ ペンネは塩（水の1％）を加えた熱湯でゆで、②のソースであえ、好みでバジルを飾る。

266kcal 塩分1.3g

トマトのごまだれサラダ　ごまの風味で夏野菜を

124kcal 塩分1.0g Ca 106mg

材料（2人分）

トマト（薄いくし形に切る）	……	200g
きゅうり（薄切り）	………………	100g
塩	………………	1g（ひとつまみ）
すりごま	………………	14g
A マヨネーズ	………	12g（大さじ1）
砂糖	………	6g（小さじ2）
しょうゆ	………	6g（小さじ1）
酢	………	5g（小さじ1）

作り方

① きゅうりは塩を加えてしばらくおき、水気をしぼる。
② 器にトマトと①を盛りつけ、Aをかける。

野菜類

キャベツ

葉の巻きがゆるく軟らかい春キャベツと、葉がしっかり巻いて歯ごたえのある冬キャベツがあります。滋賀県では冬キャベツの生産、出荷が多いですが、春キャベツも品種改良で年間を通じて手に入り、県内各地で栽培されています。生食、炒め物、煮物にとさまざまな料理に使われる野菜です。

かんたんロールキャベツ　豆腐とトマトジュースでさっぱりと

209kcal
塩分 1.7g

材料（2人分）

キャベツ		140g
A	合い挽き肉	100g
	豆腐	80g
	たまねぎ（みじん切り）	60g
	塩	1g（ひとつまみ）
	こしょう	少々
	ナツメグ	少々
B	トマトジュース（食塩無添加）	200g
	固形コンソメ	5g（1コ）
	ローリエ	1枚
パセリ		2g

作り方

1. キャベツはゆでて芯をそぎ取り、芯は粗いみじんに切る。
2. Aと①の芯を混ぜてよく練り、4等分しキャベツで包む。（MEMO参照）
3. Bに②を入れて加熱し、沸騰したら火を弱め20～30分煮る。
4. 器に盛り、パセリを添える。

MEMO

包み方は、左右どちらかだけを折り込んで巻き、残った方は穴の中へ入れる。

カニかまぼこのキャベツ巻き　目先を変えてキャベツ巻き

材料（2人分）

キャベツ	100g
きゅうり	40g
セロリ（すじをとる）	20g
カニかまぼこ	40g
青じそ	2g（4枚）
A　マヨネーズ	12g（大さじ1）
ヨーグルト	10g
カレー粉	1g（小さじ½）

作り方

① キャベツはゆでて、芯をそぎとり、縦半分に切る。
② きゅうりとセロリは、かまぼこの長さに合せて棒状に切る。
③ キャベツを広げて、しそをしき、かまぼこと②をのせて包み半分に切る。
④ Aを混ぜてソースを作り、③に添える。

82kcal
塩分 0.6g

キャベツとソーセージのグラタン風　子どもの好きな食材をグラタン風に

281kcal
塩分 1.9g
Ca 177mg

材料（2人分）

キャベツ	140g
塩	1g（ひとつまみ）
A　ウインナーソーセージ（5mmの斜め切り）	80g
グリンピース	20g
B　牛乳	60g
卵（溶きほぐす）	50g（1コ）
こしょう	少々
ピザ用チーズ	30g
パン粉	10g

作り方

① キャベツは、葉をざく切り、芯を薄切りにし、塩をふってもみ、軽くしぼる。
② 耐熱容器に①とAを入れ、混ぜたBを加えてチーズとパン粉をちらし、オーブントースターで焼き色がつくまで焼く。

野菜類

こまつ菜

古くは、関東地方で親しまれた野菜でした。栗東市（りっとう）や草津市、守山市を中心に各地域で栽培され、通年出荷されています。冬の寒さで甘味や風味が増しておいしくなります。おひたし、鍋物、汁物、炒め物など幅広く楽しめます。

こまつ菜の梅おかかあえ

397kcal
塩分 1.9g
Ca 212mg

こまつ菜のペペロンチーノ　緑が映えるスパゲッティ

材料（2人分）

こまつ菜（5cmに切る）	140g
スパゲッティ（乾）	160g
A　オリーブ油	10g（小さじ2½）
にんにく（みじん切り）	5g（1片）
赤とうがらし（種をとって輪切り）	1本
シラス干し	30g

作り方

❶ スパゲッティは塩（水の1％）を加えた、たっぷりの熱湯でアルデンテにゆでる。

❷ フライパンにAを入れて温め、シラス干しを炒める。

❸ ①のゆで汁を80g加えて、こまつ菜を入れて火を通し、①を混ぜる。

こまつ菜とアサリのワイン蒸し　ワインの香りで味引き立てて

材料（2人分）
こまつ菜（ゆでて3cmに切る）……… 150g
オリーブ油…………………… 4g（小さじ1）
A ｜ にんにく（薄切り）………… 5g（1片）
　｜ 赤とうがらし（種をとって輪切り）… ½本
B ｜ アサリ（砂出しし、よく洗う）… 100g
　｜ 白ワイン……………… 30g（大さじ2）

作り方
1. 油にAを入れて温め、Bを加えてふたをしてアサリの殻が開くまで加熱する。
2. こまつ菜を加えて混ぜて仕上げる。

MEMO
こまつ菜は、カロテンやビタミンC、鉄やカルシウムが豊富な野菜です。

52kcal
塩分 0.6g
Ca 146mg

こまつ菜と牛肉の中華風　たっぷりのこまつ菜に牛肉のせて

材料（2人分）
こまつ菜（ゆでて5cmに切る）… 160g
油………………… 6g（小さじ1½）
白ねぎ（みじん切り）……………… 10g
牛もも肉（薄切り）………………… 120g
A ｜ しょうゆ………… 9g（大さじ½）
　｜ 砂糖………… 2g（小さじ⅔）
　｜ オイスターソース……………… 3g
糸とうがらし……………………… 少々

作り方
1. 油を熱し、ねぎを炒める。
2. 牛肉を加えて炒め、Aで調味しからめる。
3. 器にこまつ菜をしき、②を盛りつけ、とうがらしを飾る。

139kcal
塩分 0.9g
Ca 141mg

野菜類

春菊(しゅんぎく)

関西では菊菜といわれ、鮮烈な菊の香りがします。旬は、晩秋から冬にかけてで、滋賀県では、守山市、野洲市、近江八幡市で栽培が盛んです。近年、香りへの抵抗感が薄れ、ハウスでの周年栽培が始まると急速に普及しました。鍋物やおひたし、あえ物、揚げ物などに利用します。

伝統料理
春菊と坂本菊の白あえ

春菊と豆腐のスープ
春菊を最後に加え色と香り楽しむ

57kcal
塩分 1.4g
Ca 104mg

材料(2人分)

春菊(葉)(ゆでてみじん切り) 　　(茎)(ゆでて5mmに切る)	120g
水	300g
顆粒中華だし	3g(小さじ½)
A 豆腐(1cmの角切り)	70g
しめじ(小房に分ける)	30g
B 酒	10g(小さじ2)
塩	1g(ひとつまみ)
こしょう	少々
かたくり粉(倍量の水で溶く)	4.5g(大さじ½)

作り方

1. 鍋に水を入れて加熱し、中華だしを加えて溶かす。
2. Aを加えて豆腐が温まればBで味を調え、水溶きかたくり粉でとろみをつける。
3. 春菊の茎、葉の順に加え、ひと煮立ちしたら火を止める。

春菊と豚肉の炒め物　春菊と豚肉のシンプル炒め

材料（2人分）
- 春菊（4等分に切る）……………… 140g
- オリーブ油……………………… 4g（小さじ1）
- A
  - にんにく（せん切り）……… 5g（1片）
  - 赤とうがらし（輪切り）… 少々（½本）
- 豚肉（薄切り）（3cmに切る）……… 60g
- B
  - 塩………………………… 2g（小さじ⅓）
  - こしょう……………………… 少々

作り方
1. 油にAを入れて加熱し、香りがでたら豚肉を加えて色が変わるまで炒める。
2. 春菊を加えてさっと炒め、Bで味を調える。

113kcal
塩分 1.2g

春菊のナムル　干しエビで春菊おいしく

材料（2人分）
- 春菊（ゆでて3cmに切る）……… 140g
- A
  - しょうゆ……………12g（小さじ2）
  - ごま油……………… 4g（小さじ1）
  - 砂糖………………… 3g（小さじ1）
  - 七味とうがらし……………………少々
  - いりごま（きざむ）……………… 3g
- 干しエビ（からいり）……………… 1g

作り方
1. 春菊をAであえて、エビを飾る。

54kcal
塩分 1.0g
Ca 139mg

野菜類

菜の花

黄色と緑色の彩りに加え、独特のほろ苦さが口に広がると春の訪れを感じます。東近江市や近江八幡市などで多く栽培され、12月～3月に収穫されます。煮物やおひたし、からしあえなどのほか、1週間くらい塩漬けした新漬けや、大津市東南部の田上(たなかみ)地域で作られている半年間発酵させ特有の風味がある黄金漬けに利用します。

伝統料理
黄金漬け

413kcal
塩分 1.4g
Ca 170mg

菜の花とプルコギののり巻き

ごま油で香ばし韓国のり巻き

材料（2人分）

菜の花	140g	
しょうゆ	6g	（小さじ1）
油	2g	（小さじ½）
溶き卵	30g	
A	牛肉（薄切り）	60g
	だし汁	60g
	しょうゆ	9g（大さじ½）
	砂糖	3g（小さじ1）
B	ご飯	260g
	白ごま	4.5g（大さじ½）
焼きのり	6g（全形2枚）	
ごま油	2g（小さじ½）	
甘酢しょうが	5g	

作り方

① 菜の花をゆでてしぼり、しょうゆをかける。
② 卵焼き器に油をしき、卵の半量を流し、薄焼き卵にする。2枚作る。
③ Aを鍋に入れて煮つめる。
④ 巻きすにのりをおき、ごま油を塗って、混ぜたBの半量を広げる。
⑤ ②の1枚をおき、①と③の半量を芯にして巻き、適当な大きさに切る。
⑥ 同様にもう1本作る。

菜の花とチーズの巣ごもり　　菜の花に卵割り入れて

材料（2人分）
菜の花（ゆでて5cmに切る）………… 120g
油……………………………… 4g（小さじ1）
ベーコン（1cmに切る）……………… 20g
粉チーズ……………………… 5g（大さじ1）
卵………………………………… 100g（2コ）
粗びきこしょう……………………………… 少々

作り方
1. 油を熱し、ベーコンを炒める。
2. 菜の花と半量のチーズを混ぜる。
3. ②を2つに分け、真ん中にくぼみをつくり卵を割り入れ、ふたをする。
4. 卵に火が通ったら、残りのチーズとこしょうをふる。

166kcal
塩分 0.5g
Ca 155mg

菜の花の和風豆乳スープ　　こくがあり優しい口当たり

材料（2人分）
菜の花（ゆでて3cmに切る）…… 100g
A　にんじん　　　　　　　　 …… 20g
　　じゃがいも　1cmの角切り…… 20g
　　たまねぎ　　　　　　　　 …… 20g
だし汁……………………………… 160g
B　豆乳……………………………… 160g
　　みそ ………………12g（小さじ2）
　　薄口しょうゆ………12g（小さじ2）
　　みりん………………12g（小さじ2）

作り方
1. Aをだし汁で軟らかくなるまで煮る。
2. Bを加えて煮たあと、菜の花を入れる。

99kcal
塩分 1.8g
Ca 107mg

野菜類

はくさい

冬が旬のはくさいは、霜に当たると甘みが増しておいしくなります。東近江市、近江八幡市を中心に10月～3月にかけて露地栽培されます。生で食べるとシャキシャキした食感が楽しめ、煮込むと甘味が増し鍋料理に欠かせません。漬物にもされ、湖北の伝統の味「白菜のたたみ漬」は色合いが鮮やかです。

伝統料理 はくさいの漬物

作り方▶134ページ

165kcal
塩分 1.4g

マーボーはくさい　子どもに人気の中華をヘルシーに

材料（2人分）

はくさい	150g
ごま油	4g（小さじ1）
赤とうがらし	1本
しょうが（みじん切り）	7g
豚ひき肉	70g
にんじん（3cmの細切り）	35g
顆粒中華だし（湯140gで溶く）	2g（小さじ1/3）
はるさめ	20g
A しょうゆ	9g（大さじ1/2）
A オイスターソース	12g（大さじ3/4）
細ねぎ（小口切り）	10g

作り方

① はくさいは葉と芯に分け、1cm幅に切る。
② 油を熱し、とうがらしを炒め、しょうがとひき肉を加えて炒める。①の芯とにんじんを加えてしんなりすれば葉も炒める。
③ 中華だしと、熱湯で戻し5cmに切ったはるさめを加え、あくを取りながらはるさめが軟らかくなるまで煮てAで味を調える。
④ とろみがついたら器に盛り、ねぎを飾る。

はくさいと豚肉の蒸し煮　肉のうま味をはくさいと

材料（2人分）
- はくさい（10cm幅に切る）………240g
- 豚もも肉（薄切り）（5cmに切る）…150g
- しめじ（小房に分ける）…………60g
- 塩……………………2g（小さじ⅓）
- こしょう……………………………少々
- A
  - だし汁……………………………40g
  - 酒…………………………………40g
  - しょうが（しぼり汁）……………5g
  - 薄口しょうゆ………6g（小さじ1）
- しょうが（すりおろす）……………5g

作り方
1. 鍋にはくさいをしき、その上に豚肉としめじをのせて塩、こしょうをする。これを繰り返す。
2. Aを加えてふたをし、煮立ってきたら弱火にしてはくさいが軟らかくなるまで煮る。
3. 器に盛り、しょうがをのせる。

185kcal
塩分 1.6g

はくさいとりんごのサラダ　旬のはくさいとりんごを甘酸っぱく

材料（2人分）
- はくさい（5cm×5mmの細切り）…150g
- りんご（皮つき）……………………40g
- 海藻ミックス………………………1g
- A
  - 薄口しょうゆ………18g（大さじ1）
  - レモン汁……15g（レモン1½コ分）
  - 砂糖……………………6g（小さじ2）

作り方
1. りんごは、いちょう切りにして塩水（分量外）につける。
2. 水気を切った①とはくさい、水で戻した海藻ミックスを混ぜ、Aであえる。

42kcal
塩分 1.6g

野菜類

ほうれん草

滋賀県では草津市を中心に栗東市、守山市などで通年栽培されています。冬のほうれん草は、昼と夜の温度差が大きいので糖度が上昇し、ビタミンC、ビタミンE、β-カロテンの含有量が多くなります。おひたしやごまあえ、バター炒め、クリーム煮などの料理に利用されます。

伝統料理
ほうれん草のごまあえ

ポパイエッグカナッペ　　ホームパーティにピッタリ

材料（2人分）

ほうれん草（ゆでて3cmに切る）…140g
A 卵（溶きほぐす）……100g（2コ）
　 牛乳……………………………20g
　 砂糖…………………2g（小さじ⅔）
　 塩……………………1.5g（小さじ¼）
　 こしょう………………………少々
バター………………………8g（小さじ2）
食パン（6枚切り）（トーストにする）
　…………………………120g（2枚）
ミニトマト（半分に切る）…………60g
紫たまねぎ（薄切り）………………10g

作り方

❶ Aを混ぜ合わせ、ほうれん草を加えて混ぜる。
❷ フライパンにバターを溶かし、①を入れて手早くかき混ぜ、半熟状態で火を止める。
❸ 食べやすい大きさに切ったパンの上に、②をのせてミニトマトとたまねぎを飾る。

299kcal
塩分 1.8g

ほうれん草のピーナッツあえ　　ピーナッツ風味の洋風あえ物

材料（2人分）

A	ほうれん草（ゆでて4cmに切る）… 140g
	ハム（4cmのせん切り）………… 10g
	とうもろこし（缶詰ホール）……… 10g
B	ピーナッツ（粗いみじん切り）…… 30g
	マヨネーズ……………… 8g（小さじ2）
	塩…………………………… 0.5g（少々）

作り方
❶ Aをざっくり混ぜ、Bであえる。

144kcal 塩分 0.5g

ほうれん草の卵カレー　　ポパイのカレーで元気いっぱい

504kcal 塩分 1.3g

材料（2人分）

	ほうれん草（ゆでて3cmに切る）………… 100g
	油…………………………… 8g（小さじ2）
A	ターメリック
	チリパウダー ……………… 各0.4g
	クミンシード
B	たまねぎ（薄切り）…………………… 120g
	じゃがいも（大きめの乱切り）……… 60g
	エビ（殻をむく）……………………… 60g
	しょうが（すりおろす）………………… 3g
	砂糖………………………… 4.5g（大さじ½）
	塩……………………………… 2g（小さじ⅓）
	卵（ゆでる）………………… 100g（2コ）
	ご飯……………………………………… 360g

作り方
❶ 鍋に油を熱し、Aを中火で炒める。
❷ 香りが出たらBを上から順番に入れて炒める。
❸ 全体に油がなじんだら、材料の半量くらいの水と砂糖、塩を加えて水気がなくなるまで炒め煮にする。
❹ 材料がかぶるくらいの水、卵を加えて水の量が半分になるまで煮て、ほうれん草を加える。
❺ ご飯と④を、それぞれ別の器に盛りつける。

野菜類

みず菜

みず菜は京都を中心に関西で古くから栽培されてきましたが、近年は全国に広がり、滋賀県では草津市、栗東市を中心に生産されています。冬の代表的な野菜で、歯ざわりのよい食感が好まれ、古くからはりはり鍋には欠かせない食材でした。漬物、煮物、炒め物のほか、サラダなど生でも食べられます。

伝統料理　みず菜と油揚げの煮物

351kcal
塩分 1.7g
Ca 407mg

みず菜と豚肉のはりはり鍋風　豚肉でお手軽はりはり鍋風

材料（2人分）

みず菜（5cmに切る）		200g
だし汁		400g
A	豚肉（薄切り）（4cmに切る）	120g
	油揚げ（1cm幅に切る）	50g（½枚）
七味とうがらし		少々
B	酢	30g（大さじ2）
	しょうゆ	18g（大さじ1）
	砂糖	3g（小さじ1）
	すりごま	18g

作り方

❶ だし汁を加熱し、Aを煮る。火が通ればあくを取り、みず菜を加えてサッと煮て、とうがらしをふる。
❷ Bを混ぜて添える。

みず菜のカリカリサラダ　　シャキッとみず菜の歯ごたえ楽しむ

材料（2人分）

A｜みず菜（4cmに切る）……………………… 60g
　｜大根（4cmのマッチ棒くらいの太さに切る）… 40g
　｜サニーレタス（食べやすい大きさにちぎる）… 20g

B｜酢……………………………………… 30g（大さじ2）
　｜しょうゆ……………………………… 12g（小さじ2）
　｜塩………………………………………… 0.5g（少々）
　｜こしょう……………………………………………… 少々

ベーコン（1cm幅に切る）……………………… 40g
シラス干し………………………………………… 10g
ごま油………………………………… 8g（小さじ2）

作り方

1. Aをざっくり混ぜて器に盛りBをかける。
2. ベーコンとシラス干しを、油でカリカリになるまで炒め、熱いうちに①の上に飾る。

148kcal
塩分 1.9g
Ca 104mg

みず菜の生春巻き　　はんなり透ける赤・青・黄色

材料（2人分）

みず菜（生春巻きの皮の長さに切る）… 60g
生春巻きの皮………………………… 20g（2枚）
エビ…………………………………… 80g（4尾）
細ねぎ（生春巻きの皮の長さに切る）… 15g
スライスチーズ（半分に切る）… 36g（2枚）
オレンジ（7mm幅の薄切り）…… 90g（½コ）

A｜ナンプラー……………… 18g（大さじ1）
　｜レモン汁………… 15g（レモン½コ分）
　｜タバスコ……………………………… 0.5g

作り方

1. 生春巻きの皮は水にくぐらせて戻す。
2. エビはゆでて殻をむき、2枚にスライスする。
3. ①にみず菜、ねぎ、チーズ、オレンジ、エビをのせて端から巻き、食べやすい大きさに切る。
4. 器に盛り、Aを混ぜて添える。

171kcal
塩分 2.7g
Ca 226mg

野菜類

たまねぎ

滋賀県でも各地で栽培されていますが、特に甲賀市、長浜市、高島市などで多く生産されています。保存性が高いため年中手に入りますが、辛味が少ない新たまねぎは春が旬です。炒め物、煮物、焼き物、生はサラダと幅広く、特に紫たまねぎや新たまねぎはサラダに適します。

伝統料理
たまねぎのおかかあえ

111kcal
塩分 0.9g
Ca 118mg

たまねぎと枝豆のチーズ焼き

スピーディーで子どもも大好き

材料（2人分）

たまねぎ（薄切り）	140g
オリーブ油	4g（小さじ1）
塩	1g（ひとつまみ）
こしょう	少々
A 枝豆（ゆでてさやから出す）	20g
A にんじん（1cmの角切りにしゆでる）	10g
ピザ用チーズ	30g
パセリ（みじん切り）	1g
パプリカ（粉）	少々

作り方

❶ 油を熱してたまねぎを炒め、塩とこしょうをし、Aを混ぜる。
❷ 耐熱容器に①を入れ、チーズを全体にかける。
❸ オーブントースターでこげ目がつくまで焼いて、パセリをのせパプリカをふりかける。

たまねぎとハムとアボカドのサラダ　切って混ぜるだけでおしゃれに

材料（2人分）
紫たまねぎ（薄切りし、水でさらす）　120g
A ｜ アボカド（1cmの角切り）……… 60g
　｜ 生ハム（適当な大きさに切る）… 40g
　｜ レモン（いちょう切り）………… 5g
B ｜ ヨーグルト………………………… 60g
　｜ レモン汁…………………………… 5g
　｜ 塩…………………………… 0.5g（少々）
　｜ こしょう…………………………… 少々

作り方
❶ 水気をしぼったたまねぎに、Aを加えてざっくりと混ぜる。
❷ Bを混ぜて、①をあえる。

147kcal
塩分 0.8g

丸ごとたまねぎのトマト煮　さわやかなトマトの酸味がポイント

材料（2人分）
たまねぎ（小さめ）…………………………… 200g
A ｜ 水……………………………………… 200g
　｜ 固形コンソメ……………… 2.5g（½コ）
　｜ ローリエ……………………………… 1枚
B ｜ トマト（粗いみじん切り）…………… 60g
　｜ ベーコン（厚切り）（1cmの角切り）… 40g
　｜ こしょう……………………………… 少々

作り方
❶ たまねぎは上下を切り落として皮をむき、耐熱容器に入れラップをして軟らかくなるまで電子レンジで加熱する。
❷ 鍋にAを入れて加熱し、Bを加えてトマトが軟らかくなったら①を加えて煮つめる。

126kcal
塩分 1.0g

野菜類

ごぼう

滋賀のごぼうには、比良山麓の栗原地区で栽培される栗原ごぼう、高島市の北船木ごぼう、多賀町の桃原ごぼうなどがあります。これらのごぼうは、生産者の高齢化などで生産は減少しています。ごぼうは香りと食感がよく、揚げ物、煮物、炒め物、炊き込みご飯などさまざまな料理に使うことができます。

伝統料理　ごぼうのさっと煮

283kcal
塩分 2.7g

ごぼうの八幡巻き風　食卓飾るおせち料理にも

材料（2人分）
- ごぼう（6cmに切り、縦に4等分する）……80g
- にんじん（6cm×7mmの棒状に切る）……20g
- アスパラガス（硬い部分を除き半分に切る）…10g
- 豚もも肉（薄切り）……………………120g
- A
  - しょうゆ………………36g（大さじ2）
  - 酒………………………30g（大さじ2）
  - 砂糖……………………18g（大さじ2）
- 油………………………………8g（小さじ2）
- きゅうり（5mmの輪切り）……………15g

作り方
1. ごぼうは水にさらしてあくを抜き、にんじん、アスパラガスとともに軟らかくなるまでゆでる。
2. 豚肉はAに15分くらいつけた後、3等分して広げ、2枚はごぼうを芯にし、もう1枚はアスパラガスとにんじんを芯にしてそれぞれ巻く。
3. ②を油で焼き、火が通れば残ったAを加えてからめ、食べやすい大きさに切る。
4. 器に盛り、きゅうりを添える。

揚げごぼうの甘から煮　手軽にできる常備菜

材料（2人分）
- ごぼう（斜め薄切り）……………… 100g
- かたくり粉……………… 18g（大さじ2）
- 油……………………………………… 適量
- A
  - 砂糖……………… 18g（大さじ2）
  - しょうゆ……………… 18g（大さじ1）
  - 酒……………… 15g（大さじ1）
- いりごま……………………………… 6g

作り方
1. ごぼうは水にさらしてあくを抜き、水気をよくふき取る。
2. ①にかたくり粉をまぶし、油できつね色に揚げる。
3. Aを少し煮つめ、②を入れてからめ、ごまをふる。

212kcal 塩分1.3g

ごぼうと蒸し鶏の甘酢あえ　素材の風味を甘酢でさっぱり

118kcal 塩分0.5g

材料（2人分）
- ごぼう（4cm×5mmの拍子木切り）… 100g
- 鶏むね肉……………………………… 80g
- 酒……………………… 10g（小さじ2）
- A
  - 酢……………… 20g（小さじ4）
  - 鶏肉の蒸し汁……… 10g（小さじ2）
  - 砂糖……………… 9g（大さじ1）
  - 塩……………… 1g（ひとつまみ）
- みつ葉（ゆでて4cmに切る）……… 10g
- いりごま（きざむ）………………… 1g

作り方
1. 鶏肉は酒をふってラップをかけ電子レンジで火が通るまで加熱し、冷まして細くさく。
2. ごぼうはさらしてあくを抜き、ゆでる。
3. 混ぜたAの一部で②に下味をつけ冷ます。
4. ①、③とみつ葉を残りのAであえ、ごまをふる。

野菜類

たけのこ

孟宗竹、淡竹、真竹などがあり、よく食されているのは孟宗竹です。滋賀県では、彦根市や米原市、日野町などで栽培され、4月下旬〜5月中旬に収穫しますが、自然に生えているものもあります。色白で肉が厚く、軟らかいものがおいしいです。たけのこご飯、煮物、揚げ物、炒め物、あえ物にして食べます。

たけのこの炊き合わせ

77kcal
塩分 1.9g

たけのこの田楽　ひと手間かけてごちそうに

材料（2人分）
ゆでたけのこ（くし形に切る）	100g
だし汁	80g
A みそ	30g（大さじ 1 ⅔）
A 砂糖	15g（大さじ 1 ⅔）
A 酒	7.5g（大さじ ½）
木の芽	4枚

作り方
1. たけのこをだし汁で煮て汁気を切る。
2. Aを鍋に入れ、弱火で練る。
3. ①に②をぬり、オーブントースターでこげ目がつくまで焼く。
4. 器に盛りつけ、木の芽を飾る。

たけのこのカレー炒め　カレーの味がアクセント

材料（2人分）

A	ゆでたけのこ	…………	140g
	ピーマン	細切り………	40g
	にんじん	…………	20g
	ベーコン（粗いみじん切り）……		40g
油………………… 4g（小さじ1）			
B	カレー粉………		4g（小さじ2）
	塩………………		0.2g（少々）
	こしょう………		少々

作り方
❶ 油を熱し、Aを炒める。
❷ Bを加えて炒め、味をからめる。

143kcal
塩分 0.5g

たけのこ入りつくね　たけのこの歯ざわりを楽しむ

材料（2人分）

A	ゆでたけのこ（粗いみじん切り）…	60g
	鶏ひき肉………………………………	160g
	溶き卵………………………………25g（½コ）	
	みりん………………………	12g（小さじ2）
	かたくり粉…………………	6g（小さじ2）
	しょうゆ……………………	6g（小さじ1）
	しょうが（みじん切り）………………	4g
油……………………………………… 8g（小さじ2）		
青じそ………………………………… 1g（2枚）		

作り方
❶ Aをボールに入れて粘りが出るまでよく混ぜ、平たくまとめる。
❷ 油を熱し、焼き色がつくまで両面を焼く。
❸ 器にしそをしき、②を盛る。

240kcal
塩分 0.6g

野菜類

にんじん

橙色のヨーロッパ系は、多賀町や東近江市、甲賀市などで多く栽培され、大根やごぼうなどの野菜と組み合わせた煮物や揚げ物、サラダのほか、スープやジュースなどに用います。
一方、濃赤色の東洋系は、正月料理の雑煮や紅白なます、煮しめに欠かせないので、大津・南部管内などでわずかに栽培されています。

伝統料理
にんじんのきんぴら

146kcal
塩分 0.8g
Ca 132mg

にんじんとカシューナッツのソテー　チーズとナッツでよりおいしく

材料（2人分）

A
- にんじん（乱切りにしてゆでる）… 200g
- さやいんげん（3cmに切る）………60g

オリーブ油……………………4g（小さじ1）
カシューナッツ……………………………20g

B
- 粉チーズ……………………………10g
- 塩……………………1g（ひとつまみ）
- こしょう………………………………少々

作り方

❶ 油を熱してAを炒め、火が通ったらナッツを加える。
❷ Bで味を調える。

にんじんのオレンジサラダ　オレンジでフルーティーな味わい

材料（2人分）
にんじん（せん切り） ……………… 120g
塩…………………… 1g（ひとつまみ）
オレンジ（果肉） ………………… 60g
A ┃ オレンジジュース……………… 30g
　┃ オリーブ油………… 8g（小さじ2）

作り方
① にんじんは塩でもんで、水気をしぼる。
② ①とオレンジをざっくりと混ぜ、Aであえる。

76kcal
塩分 0.6g

ミルクにんじん　かんたん！　にんじんを牛乳で煮るだけ

材料（2人分）
A ┃ にんじん（7mmの輪切り） … 200g
　┃ 水…………………………… 150g
　┃ 固形コンソメ…………… 5g（1コ）
牛乳…………………… 210g（カップ1）
こしょう……………………………… 少々

作り方
① 鍋にAを入れて、軟らかくなるまで煮る。
② 牛乳を加え、弱火で汁気がなくなるまで煮つめ、こしょうをふる。

112kcal
塩分 1.3g
Ca 142mg

野菜類

グリンピース

旬は4月～5月です。滋賀県では、5月の連休明けころから露地栽培のものが収穫されます。甘みがあり風味も豊かで、色はさわやかな薄緑色です。豆ご飯や煮物、かき揚げ、ポタージュなどに使われます。グリンピースの完熟したものがえんどうです。

伝統料理
グリンピースの卵とじ

グリンピースと骨付き鶏のスープ煮　白ワインの風味をきかせたスープ煮

材料（2人分）
グリンピース	…………………	120g
鶏骨付きもも肉（ぶつ切り）	…	200g
A	塩…………… 1g（ひとつまみ）	
	こしょう………………………少々	
小麦粉…………… 15g（大さじ1⅔）		
油………………… 8g（小さじ2）		
新たまねぎ（1cmの角切り）……160g		
B	水………………………………160g	
	白ワイン………………………40g	
	塩………… 1g（ひとつまみ）	
	ローリエ………………………1枚	

作り方
1. 鶏肉にAをふって、小麦粉をまぶす。
2. 油を熱し、①を入れて焼き色をつける。
3. たまねぎを加えてしんなりするまで炒め、グリンピースもさっと炒める。
4. Bを加えて、グリンピースが軟らかくなり、煮汁に少しとろみがつくまで弱火で煮る。

328kcal
塩分1.2g

グリーンスープ　初夏を感じるさわやかグリーン

材料（2人分）
グリンピース	80g
たまねぎ（薄切り）	60g
バター	6g（小さじ1½）
A　水	160g
顆粒コンソメ	2g（小さじ⅓）
B　牛乳	120g
生クリーム	40g
塩	1g（ひとつまみ）
こしょう	少々
細ねぎ（小口切り）	1g

作り方
❶ たまねぎをバターでしんなりするまで炒める。
❷ Aを加えて沸騰させ、グリンピースを加え軟らかくなるまで煮る。
❸ 粗熱をとりミキサーにかける。
❹ 鍋に戻してBを入れて温め、塩、こしょうで味を調え、ねぎを飾る。

200kcal 塩分1.1g

グリンピースとタテボシ貝のピラフ　炊飯器でシンプルピラフ

525kcal 塩分2.6g

材料（2人分）
グリンピース	80g
米	200g
タテボシ貝（殻なし）	90g
白ワイン	40g
バター	24g（大さじ2）
塩	2g（小さじ⅓）
たまねぎ（みじん切り）	40g
A　マッシュルーム（薄切り）	40g
顆粒コンソメ（水260gで溶かす）	2g

作り方
❶ 米は炊く30分前に洗い、水をきる。
❷ タテボシ貝はワインでいり煮にし、バターの3/4を加えて炒め、塩をして取り出す。
❸ 残りのバターを加えて熱し、たまねぎを炒めてしんなりしたら、①を加えて透明になるまで炒める。
❹ 炊飯器に②と③を入れ、グリンピースとAを加えて炊く。好みでタイムを飾る。

野菜類

そら豆

さやが空に向かって直立するのでそら豆といわれています。5月中旬にさわやかな感じの黄緑色の大きな豆がなります。さやから出して、塩ゆでしたり、そら豆ご飯、ポタージュ、炒め物などにします。さやごと塩焼きにもします。完熟豆は、乾燥させて、煮豆や煎り豆などに用います

伝統料理
焼きそら豆

そら豆のココット　ココットでかわいく

材料（2人分）

A	そら豆（ゆでて皮をむく）…100g
	たまねぎ（薄切り）……… 40g

塩……………………… 1g（ひとつまみ）
こしょう……………………………… 少々
生クリーム………………………… 100g
ピザ用チーズ………………………… 20g

作り方

① Aに塩とこしょうをふりかけてココットに入れる。
② 生クリームを流し込みチーズをかけ、200℃に予熱したオーブンで20分くらい焼く。

312kcal
塩分 0.8g
Ca 108mg

そら豆スムージー　ほんのり甘い口当たり

材料（2人分）

A
- そら豆（ゆでて皮をむく）… 100g
- 牛乳………………………… 200g
- はちみつ…………………… 30g
- 氷（製氷機のサイズ）……… 50g

作り方
① Aがなめらかになるまでミキサーにかけ、器に注ぐ。

165kcal
塩分 0.1g
Ca 121mg

そら豆のサラダ　カラフルサラダでおもてなし

材料（2人分）

A
- そら豆（ゆでて皮をむく）………100g
- ミニトマト（縦半分に切る）…… 40g
- たまねぎ（薄切り）……………… 30g
- とうもろこし（缶詰ホール）…… 30g

B
- 酢……………………… 10g（小さじ2）
- 油……………………… 10g（小さじ2½）
- 砂糖…………………… 1g（小さじ⅓）
- 塩……………………… 1g（ひとつまみ）

作り方
① Aをざっくり混ぜ、Bのドレッシングをかける。

125kcal
塩分 0.6g

野菜類

大豆

自給率が7％と非常に低いですが、滋賀県では大豆作りが盛んで「ことゆたか」や「ミズクグリ」といった品種が県内各地で栽培されています。11月が収穫時期で、伝統料理の湖魚や根菜類、海藻類などと組み合わせた煮豆や打ち豆、さらに、いろいろな加工食品に利用しています。

伝統料理
打ち豆汁

作り方▶135ページ

大豆のチリコンカン　メキシコ風大豆煮込み

256kcal
塩分 1.5g

材料（2人分）
ゆで大豆	100g
油	2g（小さじ½）
にんにく（薄切り）	5g（1片）
ベーコン（1cmの角切り）	50g
たまねぎ（みじん切り）	100g
小麦粉	9g（大さじ1）
A　トマト（水煮）	140g
砂糖	2g（小さじ⅔）
チリパウダー	1g
ローリエ	1枚
塩	2g（小さじ⅓）

作り方
❶ 油とにんにくを入れて弱火で炒め、香りがでたらベーコンを加えてさらに炒める。
❷ たまねぎを加え、透き通ったら小麦粉も炒める。
❸ 大豆とAを加えて少し煮込み、塩で味を調える。好みでディルを飾る。

大豆のサラダ　ミントの香りで味いかす

材料（2人分）

A
- ゆで大豆……………………… 100g
- 赤パプリカ ┐ 2cmの色紙切り … 10g
- 黄パプリカ ┘ … 10g
- ミント（手でちぎる）………… 1g
- たまねぎ（みじん切り）……… 20g

B
- オリーブ油……… 16g（大さじ1⅓）
- 酢………………… 7.5g（大さじ½）
- 砂糖……………… 2g（小さじ⅔）
- 塩………………… 1g（ひとつまみ）

作り方

① Aをざっくり混ぜる。
② Bを混ぜてドレッシングを作り①をあえる。

173kcal　塩分0.5g

MEMO
冷蔵庫でよく冷やすとおいしく食べられる。

炒り大豆とキャベツのスープ　香ばしい大豆のスープ

材料（2人分）

- 乾燥大豆……………………………… 40g
- 油…………………………… 8g（小さじ2）
- にんにく（みじん切り）……………… 2g
- たまねぎ（薄切り）………………… 40g

A
- キャベツ（短冊切り）………… 80g
- 赤とうがらし（種を取る）…… ½本

B
- 水……………………………300g
- 昆布（8mmの色紙切り）……… 2g
- 塩……………… 1g（ひとつまみ）
- ローリエ……………………… 1枚

- オクラ（ゆでて輪切り）……………… 2g

作り方

① 大豆は洗わずに弱火でじっくり炒る。
② 油ににんにくを入れて熱し、香りがでたら、たまねぎがしんなりするまで炒める。
③ Aを加えて炒め、①とBを加え大豆とキャベツが軟らかくなるまで煮る。
④ 器に盛り、オクラをちらす。

141kcal　塩分0.6g

MEMO
乾燥大豆は消化はよくありませんが、たんぱく質や脂質が豊富で畑の肉といわれています。

野菜類

大豆加工品

畑の肉といわれている栄養豊富な大豆は、古くから色々な食品に加工され、精進料理に欠かせない食材です。大豆を水にひたして粉砕ししぼった液が豆乳、残った固体がおからです。豆乳から豆腐とゆばが作られ、豆腐は揚げると油揚げやがんもどき、凍結し乾燥させると凍り豆腐になります。一方、煮豆を発酵させるとみそやしょうゆ、納豆になります。

伝統料理
いりうの花

作り方▶135 ページ

納豆のバケットサンド　　楽しい休日のブランチに

材料（2人分）

A
- 納豆（ひきわり） …………… 90g
- マヨネーズ …… 30g（大さじ2½）
- 粒マスタード …… 5g（小さじ1）
- 塩 ………… 1g（ひとつまみ）
- こしょう ………………… 少々

フランスパン（切り込みを入れる）
　……………………………120g

B
- スライスチーズ（半分に切る）40g
- トマト（輪切り） ………… 20g
- リーフレタス（大きめに切る）4g

作り方
❶ Aを混ぜ合わせる。
❷ パンにBをはさみAを入れ込む。

436kcal
塩分 2.4g
Ca 168mg

MEMO
大豆の加工食品は、煮物、焼き物、揚げ物、あえ物、汁物、鍋物に利用されます。

生ゆばのサラダ　　生ゆばと香味野菜のさっぱりサラダ

材料（2人分）

A
- 生ゆば（食べやすく切る） …… 80g
- きゅうり（輪切り） ………… 30g
- セロリ（斜め薄切り） ……… 30g
- たまねぎ（薄切り） ………… 20g
- パセリ（みじん切り） ……… 1g

B
- 油 ………………… 16g（大さじ1 ⅓）
- レモン汁 …… 10g（レモン ⅓ コ分）
- 砂糖 ………………… 6g（小さじ2）
- 塩 ………………… 1.5g（小さじ ¼）
- 白こしょう ………………… 少々

作り方
① Aをざっくりと混ぜ、Bであえる。

187kcal 塩分 0.8g

変わり揚げ出し豆腐　　ザーサイとポン酢で変化をつけて

材料（2人分）
- 木綿豆腐（水切りする） ……… 200g
- かたくり粉 …………… 18g（大さじ2）
- 揚げ油 ………………………… 適量

A
- ぽん酢 ……………………… 30g
- ザーサイ（みじん切り） …… 20g
- トマト（粗いみじん切り） … 20g
- 青じそ（みじん切り） 1g（2枚）
- ごま油 …………… 2g（小さじ ½）

作り方
① 豆腐はかたくり粉をまぶし、中温の油で揚げる。
② Aを混ぜ合わせて、①の上にかける。

MEMO
豆腐の水切りは65ページ上を参照。

253kcal 塩分 1.5g Ca 103mg

野菜類

とうもろこし

アメリカ大陸が原産地で、滋賀県では近江八幡市、東近江市、高島市などで栽培されています。完熟種子は穀類として、品種によりでん粉原料やポップコーンに利用します。スイート種は甘みが強く、成長途中の軟らかい種子を焼きとうもろこし、クリームスープ、炒め物、揚げ物にして食します。

伝統料理
焼きとうもろこし

とうもろこしの焼売(しゅうまい)　とうもろこしいっぱいの夏焼売

材料（2人分）

A	とうもろこし（実をそぎ取る）	80g
	豚ひき肉	120g
	白ねぎ（みじん切り）	20g
	オイスターソース	5g
	かたくり粉	3g（小さじ1）
	塩	0.5g（少々）
	こしょう	少々
焼売の皮		48g（16枚）
ベビーリーフ		5g

作り方

① Aをよく混ぜ、16コに分ける。
② 焼売の皮で①を包み、10分くらい蒸す。
③ 皿にベビーリーフをしき、②を並べる。

261kcal
塩分 0.6g

コーンクリームスープ　甘みあり、冷やしてもおいしいスープ

材料（2人分）
とうもろこし（缶詰クリームスタイル）
　………………………… 100g
バター………… 10g（小さじ2½）
たまねぎ（みじん切り）…………… 40g
A｜牛乳……… 210g（カップ1）
　｜固形コンソメ……… 2.5g（½コ）
こしょう…………………………… 少々
パセリ（みじん切り）……………… 1g

作り方
1. バターを溶かし、たまねぎをしんなりするまで炒める。
2. Aを加えて弱火で加熱し、とうもろこしとこしょうを入れて軽く煮る。
3. 器に盛り、パセリを飾る。

161kcal
塩分 1.1g
Ca 123mg

とうもろこしと枝豆のオムレツ　時にはシンプルなオムレツを

材料（2人分）
A｜とうもろこし（実をそぎ取る）
　｜　…………………………… 80g
　｜枝豆（さやから出す）……… 40g
B｜卵（溶きほぐす）… 150g（3コ）
　｜しょうゆ………… 3g（小さじ½）
バター……………… 20g（大さじ1⅔）
パセリ…………………………… 2g

作り方
1. Aはラップをし、電子レンジで軟らかくなるまで加熱する。
2. Bと①を混ぜ、2つに分ける。
3. バター（半量）を熱して②を流し入れ、大きく混ぜながら半熟にする。
4. 弱火にして端に寄せ、形を調える。
5. 器に盛り、パセリを添える。
6. 同様にもう1つ作る。

253kcal
塩分 0.7g

野菜類

黒あわびたけ

ひらたけの仲間で、日本では沖縄県での栽培が最も古く、現在は滋賀県や和歌山県、長野県などでも栽培されています。色は黒から茶褐色で、傘は広がり肉厚で硬いです。香りは癖がなく、味は淡泊で、コリコリした食感があわびに似ています。天ぷらやきのこ飯、バター炒めなどに用います。

247kcal
塩分 0.8g
Ca 188mg

黒あわびたけのクリーム煮

きのこのうま味とクリーミーさがマッチ

材料（2人分）

A	黒あわびたけ	粗いみじん切り	80g
	たまねぎ		100g
	しめじ		60g
	エリンギ		60g
	ベーコン		20g

バター……………… 12g（大さじ１）
小麦粉……………… 9g（大さじ１）
牛乳………………… 315g（カップ１½）
顆粒コンソメ……… 6g（小さじ１）
B｜塩…………………… 0.5g（少々）
　｜こしょう………………………… 少々
パセリ（みじん切り）…………… 2g

作り方

❶ 鍋にバターを入れ、Aを加えてしんなりするまで炒めた後、小麦粉を加えてさらに炒める。

❷ 粉っぽさがなくなったら、牛乳を数回に分けて加えよく混ぜる。

❸ コンソメを入れ、とろみがつくまで加熱してBで味を調え、器に盛ってパセリを飾る。

黒あわびたけのあえ物　彩りよいおしゃれな小鉢

材料（2人分）
黒あわびたけ	60g
赤こんにゃく（3cmの短冊切り）	40g
菜の花（ゆでて3cmに切る）	60g
A マヨネーズ	18g（大さじ1½）
練りからし	2.5g（小さじ½）
塩	1g（少々）
こしょう	少々

作り方
① あわびたけは軽く焼いて3cmの短冊切りにし、赤こんにゃくはゆでる。
② ①と菜の花を混ぜ、Aであえる。

83kcal 塩分0.7g

黒あわびたけと牛肉の炒め物　コリコリ、シャキシャキ食感

材料（2人分）
A 黒あわびたけ ┐斜め切り	80g
アスパラガス ┘	40g
油	4g（小さじ1）
にんにく（みじん切り）	5g（1片）
牛肉（薄切り）（3cmに切る）	60g
B 酒	10g（小さじ2）
しょうゆ	6g（小さじ1）
七味とうがらし	少々

作り方
① 油ににんにくを入れて加熱し、牛肉を加えて炒め、色が変わったら、Aも炒める。
② Bを加えてからめ、とうがらしをふる。

99kcal 塩分0.5g

野菜類

しいたけ

日本人になじみ深いきのこで、原木栽培と菌床栽培で収穫します。近年はほとんどが菌床栽培です。滋賀県では米原市、長浜市高月町・木之本町、高島市朽木(つづき)・マキノ町で栽培が盛んです。香りが高く、肉厚でジューシーなものがおいしく、焼き物、鍋物、天ぷら、炒め物など、いろいろと利用できます。

伝統料理 しいたけの含め煮

108kcal 塩分 0.5g

しいたけのオーブン焼き

しいたけの味を楽しんで

材料（2人分）

- しいたけ（軸を取る）……… 120g
- A
  - 木綿豆腐（水切りする）…… 140g
  - たまねぎ ┐   …… 20g
  - ハム   │ みじん切り …… 20g
  - パセリ   ┘   …… 4g
  - かたくり粉……… 18g（大さじ2）
  - 塩 …………………… 0.4g（少々）
  - こしょう ………………………… 少々

作り方

❶ Aを混ぜ、しいたけの数に分け、しいたけを器にして盛る。
❷ Aを盛った方を上にし、オーブントースターでこげ目がつくまで焼く。

MEMO
豆腐の水切りは65ページ上を参照。

しいたけの菜種あえ　いり卵で色どり鮮やかに

材料（2人分）

A
- しいたけ（焼いて1㎝幅に切る）……………… 80g
- スナップえんどう（ゆでて斜め切り）……………… 40g
- カニかまぼこ（縦横に半分に切る）……………… 40g

B
- 溶き卵……………… 30g
- 塩……………… 0.2g（少々）

C
- 酢……………… 15g（大さじ1）
- 薄口しょうゆ……… 9g（大さじ½）
- 砂糖……………… 3g（小さじ1）

作り方
1. 鍋にBを入れ、箸でかき混ぜていり卵にして冷ます。
2. Aを混ぜ、Cであえる。
3. ②を器に入れ、①をまぶす。

67kcal 塩分1.3g

しいたけと根菜の炒め物　食物繊維でお腹もすっきり

材料（2人分）
- しいたけ（軸を取り5㎜幅に切る）… 80g

A
- にんじん ┐乱切り……………… 30g
- れんこん ┘……………… 30g
- ごぼう（斜め切りにして水にさらす）……………… 30g

- 油……………… 4g（小さじ1）

B
- しょうゆ……………… 12g（小さじ2）
- ケチャップ……………… 10g（小さじ2）
- 酢……………… 10g（小さじ2）

- かたくり粉（倍量の水で溶く）2g（小さじ⅔）

作り方
1. Aを硬めにゆでる。
2. 油を熱してしいたけと①を炒め、火が通ったらBを加えて全体にからめる。
3. 水溶き片栗粉を入れて混ぜ、とろみをつける。

67kcal 塩分1.1g

穀類

近江米

琵琶湖を中心として四方を山に囲まれた滋賀県は、山々がもたらす豊富な水と高温多湿な気候に恵まれ、良質な米の産地です。滋賀県で開発された「みずかがみ」は、米の食味ランキングで最高ランクの「特A」に評価されています。品質や味を重視し、環境にこだわった米作りが進められています。

伝統料理
サバの棒ずし

作り方 ▶ 136 ページ

530kcal
塩分 1.6g

黒豆サラダちらし　ピンクがかわいい洋風おすし

材料（2人分）

米		200g
水		260g
昆布		3g
乾燥黒豆		35g
A	酢	20g（小さじ4）
	砂糖	9g（大さじ1）
	塩	2g（小さじ1/3）
アボカド（1cmの角切り）		50g
B	ミニトマト（輪切り）	50g
	スモークサーモン（1cmの角切り）	25g
	ベビーリーフ	10g

作り方

❶ 洗った米に水と昆布を入れて30分おく。
❷ 黒豆は洗わずに香りが出るまで中火でいり、①に加えて炊く。
❸ アボカドにAの少量をからめる。
❹ ②に残りのAを加えて混ぜ器に盛る。
❺ ③とBを飾る。

ライスコロッケ　チーズがとろけるアツアツで

材料（2人分）
米	120g
たまねぎ（みじん切り）	40g
バター	10g
にんじん（皮をむいてすりおろす）	40g
A　固形コンソメ（180gの湯で溶く）	2.5g（½コ）
こしょう	少々
チーズ（8mmの角切り）	10g
B　小麦粉	3g（小さじ1）
溶き卵	10g
パン粉	10g
揚げ油	適量
きゅうり（スライス）	20g
ミニトマト	20g

作り方
1. 米を洗いざるに上げて30分おく。
2. たまねぎをバターでよく炒め、①を加えて炒め炊飯器に入れ、にんじんとAを加えて炊く。
3. ②を冷まし、チーズを芯にして丸く4コにぎる。Bを順につけて揚げる。
4. 器に盛り、きゅうりとミニトマトを添える。

404kcal 塩分1.2g

近江米のピザ　トッピングを変えてパーティー気分

375kcal 塩分1.3g Ca 136mg

材料（2人分）
ご飯	300g
ピザ用ソース	30g
A　ピーマン（3mmの輪切り）	30g（1コ）
とうもろこし（缶詰ホール）	30g
ハム（短冊切り）	20g
ピザ用チーズ	40g

作り方
1. 半量のご飯をクッキングペーパーの上に、直径15cmくらいの大きさに薄くのばしてピザ用ソースを塗る。
2. Aをのせてピザ用チーズをちらし、オーブントースターでチーズがとろけるまで焼く。
3. 同様にもう1枚作る。

穀類

もち米

うるち米に比べてやや乳白色です。餅や赤飯、おはぎ、ちまきなどの団子や、いろいろなもち粉は和菓子の材料に利用されています。滋賀県では、米の生産に占める割合は少なく、多くは粘り・のび・こしに優れた「滋賀羽二重糯(ふたえもち)」です。甲賀地方では重粘土質の土壌を活かした栽培が盛んです。

伝統料理 黒豆おこわ

中華ちまき　子どもと楽しく中華ちまき

材料（2人分）

もち米		160g
A	豚もも肉（かたまり）	40g
	にんじん　8mmの角切り	30g
	ゆでたけのこ	30g
干ししいたけ		3g
油		12g（大さじ1）
B	しいたけの戻し汁	30g（大さじ2）
	薄口しょうゆ	18g（大さじ1）
	みりん	18g（大さじ1）
	酒	5g（小さじ1）
	塩	1g（ひとつまみ）
竹の皮		4枚

作り方

1. もち米は、洗って1時間以上水につけ、ざるに上げて水気を切る。
2. しいたけは水で戻し、8mmの角切りにする。
3. 油を熱してAと②を炒め、①も加え、米の色が変わるまで炒める。
4. Bを加えて、汁気がなくなるまで炒める。竹の皮に包んで30分くらい蒸す（途中20分で米の蒸し加減を確かめる）。

311kcal 塩分1.7g

鶏肉入り炊きおこわ　手軽！　炊いたおこわ

材料（2人分）
もち米	160g
鶏もも肉（そぎ切り）	80g
A　ナンプラー	12g（小さじ2）
にんにく（すりおろす）	1.5g
水	160g
さつまいも（5mmの輪切り）	60g

作り方
1. 鶏肉はAに15分くらいつける。
2. 炊飯器に洗ったもち米と水を入れて、①とさつまいもを上にのせてすぐに炊く。

MEMO
水につける必要はないので、すぐに作れます。

315kcal 塩分1.5g

秋の実りおこわ　秋の収穫の味を楽しんで

296kcal 塩分1.5g

材料（2人分）
もち米	160g
A　しめじ	10g
まいたけ　小房に分ける	10g
しいたけ（4等分に切る）	10g
薄口しょうゆ	6g（小さじ1）
B　だし汁	80g
薄口しょうゆ	12g（小さじ2）
酒	10g（小さじ2）
鶏もも肉（1cmの角切り）	30g
C　くり（渋皮をむき4等分に切る）	50g（4コ）
にんじん（5mm厚さのいちょう切り）	30g
ぎんなん（薄皮をとり半分に切る）	20g（4コ）

作り方
1. もち米は洗って1時間以上水につけ、ざるに上げて水気を切る。
2. Aにしょうゆを混ぜ合わせる。
3. Bに鶏肉を入れて加熱し、Cを加えて煮立てる。
4. ①を加えて、汁気がなくなるまで炒める。
5. 蒸気の上がった蒸し器に蒸し布をしき、④をドーナツ状に広げ、ぎんなんと汁気を切った②をのせ、蒸し布をかぶせて強火で15～20分くらい蒸す。
6. 蒸しあがれば、すぐに蒸し布ごと取り出し、ボールにあけて軽く混ぜる。

穀類

そば

寒冷地ややせ地でも育ち、生育期間が60〜80日と短いので救荒作物として利用されてきました。滋賀県では、伊吹そばや湖西の箱館そばが有名です。10月ごろに花が一斉に咲き、11月の初めごろに収穫されます。そば切りや、そば粉を熱湯でといたそばがきで食べますが、とくに、新そばは独特の香りが楽しめます。

伝統料理
そば粉団子のけんちん汁

399kcal
塩分 1.7g
Ca 146mg

そば粉のガレット　朝食・ブランチにもピッタリ

材料（2人分）

A	そば粉	30g
	牛乳	60g
	溶き卵	30g
	バター（溶かす）	10g
B	じゃがいも ┐薄切り	130g
	たまねぎ ┘	80g
	ウインナーソーセージ ┐3等分に切る	75g
	さやいんげん ┘	35g
塩		1g（ひとつまみ）
こしょう		少々
油		8g（小さじ2）
ピザ用チーズ		20g（1枚）
C	ベビーリーフ	20g
	トマト（小さく切る）	30g

作り方

❶ Aを混ぜ合わせ、冷蔵庫で30分くらいねかせる。
❷ 耐熱容器にBを入れ、塩、こしょうをして電子レンジで軟らかくなるまで加熱する。
❸ 油を熱し①の半量を流し入れてのばし、片面が焼けたら裏返して半量の②とチーズをのせ、ふたをして弱火で焼く。
❹ 周辺を折り畳んで器に盛り、Cを添える。
❺ 同様にもう1つ作る。

サラダそば　夏にひんやりサラダそば

材料（2人分）

ゆでそば	………………………	320g（2玉）
A	きゅうり ┐短冊切り	60g
	ロースハム ┘	40g（2枚）
	レタス（適当な大きさにちぎる） ………	40g
	ミニトマト（輪切り） ………………	40g
	卵 ┐ゆでて輪切り	50g（1コ）
	オクラ ┘	20g
B	めんつゆ（ストレート） ………………	90g
	オリーブ油 ………………………	8g（小さじ2）
練りわさび	………………………	5g（小さじ1）

作り方

1. そばは軽くゆでて、流水で洗い水気を切り器に盛る。
2. 上にAを飾り、Bとわさびを添える。

390kcal 塩分 2.2g

そばのモダン焼き　子どもといっしょに作ろう

468kcal 塩分 2.1g Ca 282mg

材料（2人分）

A	ゆでそば（ざっくり切る） …	320g（2玉）
	にら（3㎝に切る） ………………	70g
	干しエビ ……………………	6g
B	小麦粉 ………………………	50g
	水 …………………………	80g
	卵（溶きほぐす） ……………	100g（2コ）
	顆粒和風だし …………………	4g（小さじ⅔）
ごま油	………………………	8g（小さじ2）
青のり	………………………	少々
カツオ節	………………………	2g
C	めんつゆ（ストレート） ………………	60g
	レモン汁 …………	10g（レモン⅓コ分）
	レモン（いちょう切り） ………………	5g

作り方

1. ボールにBを順に入れてよく混ぜ、Aを加えてからめる。
2. 油を熱し、①の半量を入れて丸く形を整える。中火にして時々押さえながら焼き、こんがり焼けたら裏返して弱火で焼く。
3. 適当な大きさに切って器に盛り、のりとカツオ節をちらし、Cを添える。
4. 同様にもう1つ作る。

肉類

牛肉（近江牛）

江戸時代初期から彦根藩が牛肉のみそ漬けを将軍に献上するほど、古い歴史を持っています。西洋文化の影響を受けて近江牛の消費は拡大しました。近江牛は、低温でも融ける脂肪が霜降り状になり、きめ細かで軟らかな肉質がうま味と芳醇（ほうじゅん）な香りをもたらします。ステーキやすき焼き、しゃぶしゃぶなどにして楽しみます。

伝統料理
牛肉のじゅんじゅん

牛肉の甘から煮　牛肉を彩りのよい炒め煮に

材料（2人分）
牛もも肉（薄切り）		120g
油		4g（小さじ1）
A	赤パプリカ	50g
	ピーマン　乱切り	50g
	黄パプリカ	40g
B	しょうゆ	6g（小さじ1）
	酒	5g（小さじ1）
	砂糖	3g（小さじ1）

作り方
① 油でAをさっと炒め、牛肉を加えてさらに炒めて、Bでからめる。

MEMO
近江牛の定義は、「豊かな自然環境と水に恵まれた滋賀県内で最も長く飼育された黒毛和種」です。

136kcal
塩分0.5g

牛肉のたたき　軽く焼くだけ　かんたんたたき

材料（2人分）
牛もも肉（かたまり）………… 120g
A ｜ 塩……………… 0.8g（ひとつまみ）
　 ｜ こしょう……………………………… 少々
B ｜ たまねぎ ┐ 薄切り ……… 100g
　 ｜ セロリ 　┘　　　　　　　　　 10g
レモン（輪切り）……………………… 10g
ぽん酢…………………………………… 30g

作り方
① 牛肉にAをふり、フライパンで表面を焼き、アルミホイルで包み、1時間くらいおく。
② ①の牛肉を薄切りにして、Bとレモンを器に盛り、ぽん酢を添える。

108kcal
塩分 1.3g

焼き肉の山椒（さんしょう）みそ添え　焼き肉を山椒の風味で

181kcal
塩分 1.4g

材料（2人分）
牛もも肉（焼き肉用）………………… 120g
A ｜ 塩……………………… 1g（ひとつまみ）
　 ｜ こしょう……………………………… 少々
油……………………………… 8g（小さじ2）
B ｜ 長いも（5mmの輪切り）………… 40g
　 ｜ ミニトマト………………………… 40g
　 ｜ ししとう（へたをとる）………… 20g
C ｜ みそ………………… 12g（小さじ2）
　 ｜ 砂糖………………… 9g（大さじ1）
　 ｜ 練りからし………… 2.5g（小さじ½）
　 ｜ 粉さんしょう……………… 0.5g（少々）

作り方
① 牛肉にAをふり半量の油で焼き取り出す。
② 残りの油を足して、Bを焼く。
③ 別の鍋にCを入れて、少し煮つめる。
④ ①と②を盛りつけ、③を添える。

肉類

豚肉

滋賀県では、養豚農家は少ないですが、安心・安全でおいしい豚の飼育に励んでいます。豚は1回に10〜13頭も出産し、180日くらいの飼育で食用にされます。豚肉には、糖質の代謝に必要なビタミンB_1が多いです。揚げ物、炒め物、煮物などの料理や、ハムやソーセージなどの加工食品に利用されます。

豚のスペアリブマーマレード煮　マーマレードで煮たごちそう

材料（2人分）
- 豚ばら肉（骨つき）……… 200g
- A
  - 塩……………… 1.5g（小さじ¼）
  - こしょう……………………… 少々
- 油………………… 8g（小さじ2）
- 白ワイン………………………… 20g
- 水………………… 400g（カップ2）
- C
  - オレンジジュース………… 100g
  - マーマレード………………… 30g
  - しょうゆ……… 3g（小さじ½）
- パセリ…………………………… 2g

作り方
1. 豚ばら肉にAをふって、熱した油で焼く。
2. 白ワインと水を加えて軟らかくなるまで煮たあと、Cを加えて煮つめる。
3. 器に盛りつけ、パセリを添える。

421kcal
塩分1.0g

豚肉とキャベツの塩麹炒め　塩麹で軟らかく

材料（2人分）
豚肉（薄切り）（3cmに切る）…… 120g
塩麹……………………………… 30g
油………………………… 6g（大さじ½）
A ｜ キャベツ（色紙切り）……… 120g
　｜ にんじん（3cmの短冊切り）… 40g

作り方
① 豚肉に塩麹をまぶしてしばらくおく。
② 油を熱し、①とAを炒める。

165kcal
塩分1.6g

豚肉の紅茶煮　紅茶で豚肉さっぱりと

327kcal
塩分1.1g

材料（2人分）
豚ロース肉（かたまり）……………… 200g
A ｜ 水……………………………… 800g
　｜ 紅茶（ティーパック）……………… 4g
　｜ しょうゆ……………… 30g（大さじ1⅔）
B ｜ 酢………………………… 10g（小さじ2）
　｜ 酒………………………… 10g（小さじ2）
　｜ みりん………………… 9g（大さじ½）
C ｜ たまねぎ ┐………………………… 80g
　｜ セロリ　 ┘薄切り………………… 30g
ラディッシュ…………………………… 2g
パセリ…………………………………… 2g

作り方
① Aを沸騰させ豚肉を入れて火が通るまで煮たあと、薄く切る。
② Bをひと煮立ちさせて、①とCを30分くらいつける。
③ 器に②を盛りつけ、ラディッシュとパセリを飾る。

肉類

鶏肉（近江しゃも）

昔は、多くの農家の庭先で鶏が飼われていました。おいしい卵を産み、祭りやお盆、正月などの行事には、鶏をさばいてじゅんじゅん（すき焼き）にしてお客様をもてなしました。滋賀県では、平成5年にコクがあり、噛むほどに豊かな味が口に広がる地鶏「近江しゃも」が誕生しました。

伝統料理
かしわのじゅんじゅん

鶏肉と野菜のマリネ　　鶏むね肉もマリネでしっとり

材料（2人分）
	鶏むね肉（皮つき）	120g
A	砂糖	3g（小さじ1）
	塩	1g（ひとつまみ）
	こしょう	少々
B	たまねぎ（薄切り）	80g
	ミニトマト（輪切り）	40g
	黄パプリカ（せん切り）	20g
C	酢	30g（大さじ2）
	オリーブ油	16g（小さじ4）
	塩	1g（ひとつまみ）
	こしょう	少々
	パセリ（みじん切り）	1g

作り方
❶ 鶏肉はAをまぶしてラップをかけ、電子レンジで加熱して適当な大きさに切る。
❷ 器に①とBを盛りつけ、ドレッシングCをかけパセリをちらす。

193kcal
塩分1.1g

鶏肉の梅みそ焼き　梅干しと青じそがアクセント

材料（2人分）
鶏もも肉（皮つき）……………… 160g
A ┌ みそ………………… 18g（大さじ1）
　├ 酒…………………… 15g（大さじ1）
　├ 梅干し ┐ みじん切り ……… 6g
　└ 青じそ ┘　　　　　 2g（4枚）
油……………………… 4g（小さじ1）
ミニトマト………………………… 40g
パセリ……………………………… 5g

作り方
1. 鶏肉は広げて皮にフォークで穴をあける。
2. 混ぜ合わせたAに、①を15分くらいつける。
3. 油を熱し、②を皮の方から焼き、焼き色がついたら裏返してふたをし、弱火でさらに焼く。
4. 適当な大きさに切り、器に盛ってトマトとパセリを添える。

214kcal 塩分1.9g

鶏ひき肉のレタス包み　子どもも喜ぶレタスの器

材料（2人分）
鶏ひき肉……………………………… 100g
ごま油…………………… 4g（小さじ1）
A ┌ アスパラガス ┐　　　　　 …… 30g
　├ ゆでたけのこ │ 粗いみじん切り …… 30g
　├ にんじん　　 │　　　　　 …… 30g
　└ エリンギ　　 ┘　　　　　 …… 20g
B ┌ みそ………………… 18g（大さじ1）
　├ みりん……………… 18g（大さじ1）
　├ 酒…………………… 10g（小さじ2）
　└ 豆板醤……………… 2g（小さじ½）
レタス（適当な大きさに切る）………… 60g

作り方
1. 油を熱し、ひき肉を強火でほぐしながら色が変わるまで炒める。
2. Aを加えてさらに炒め、混ぜたBを入れて汁気がなくなるまで炒める。
3. ②をレタスに包んで食べる。

174kcal 塩分1.4g

肉類

鶏卵

日本人になじみが深く、栄養価の高い食品です。滋賀県の養鶏農家では、安心・安全でおいしい卵を供給するために、餌に滋賀県産の飼料米などをできるだけ多く配合するような取り組みを行っています。卵は餌によって色、弾力、匂いなどが変わります。ゆで卵や目玉焼き、茶碗蒸しなどの料理や菓子類の材料に用います。

中華風茶碗蒸し　素材を中華風にかえて

材料（2人分）
- 卵（溶きほぐす）……………50g（1コ）
- 乾燥きくらげ……………………1g
- ごま油……………………2g（小さじ½）
- A
  - エビ（殻をむく）………40g（2尾）
  - チンゲン菜（1cmに切る）……30g
  - 白ねぎ（3cmに切り細切り）…10g
  - カニかまぼこ（細くさく）……2.5g
  - しょうが（みじん切り）………1g
- 薄口しょうゆ……………3g（小さじ½）
- B
  - 酒………………………5g（小さじ1）
  - 顆粒中華だし（ぬるま湯200gで溶く）
    ………………………3g（小さじ½）

作り方
1. きくらげは、水で戻してせん切りにする。
2. 油を熱して①とAを炒め、しょうゆをからめて粗熱をとる。
3. 卵にBを混ぜてこし、②を加えて器に入れる。
4. 沸騰した蒸し器で、すが立たないように中火で10分くらい蒸す。

78kcal
塩分 1.2g

卵とトマトの炒め物　トマトと枝豆を加えてバランスよく

材料（2人分）
- 卵（溶きほぐす）………… 100g（2コ）
- ごま油………………… 12g（大さじ1）
- トマト（2cmの角切り）………… 200g
- A
  - しょうゆ………… 6g（小さじ1）
  - 酒………… 5g（小さじ1）
- 枝豆（ゆでてさやから出す）……… 60g

作り方
1. 油の半量を熱し、卵を炒めて取り出す。
2. 残りの油を加えてトマトを炒め、Aで味をつける。
3. ①の卵と枝豆も加えて炒める。

195kcal 塩分 0.6g

彩り卵のココット　朝食にもうれしいスピード調理

材料（2人分）
- A
  - 卵（溶きほぐす）………… 100g（2コ）
  - 顆粒コンソメ………… 2g（小さじ1/3）
  - 塩………… 0.5g（少々）
  - こしょう……………………… 少々
- B
  - ウインナーソーセージ（5mmの輪切り）………………… 40g
  - グリンピース（ゆでる）………… 20g
  - にんじん（5mmの角切りにしゆでる）………………… 20g
  - しいたけ（5mmの角切り）………… 10g

作り方
1. Aを混ぜ、Bを加えて耐熱容器2つに入れる。
2. 電子レンジで卵が固まるまで加熱する。

156kcal 塩分 1.3g

伝統食レシピ

フナずし

材料（30ℓ 1桶分）

塩切りフナ	10kg
ご飯	23kg（米6.6升）
焼酎	400g（カップ2）
塩	18g（大さじ1）

作り方

1. 背びれ、腹びれ、のど元のうろこをたわしで取り除き、全体が青光するまでよくこすり洗う。
2. キッチンペーパーで水気をよくふき取り、洗濯ハンガーに吊り下げて風通しが良い日陰で4時間くらい干す。はえよけに薄いおおいをかける。
3. ご飯と塩を混ぜ、手に焼酎をつけて、大きなおにぎりを作り、フナのえらぶたからつめ込む。
4. 桶にビニール袋をしき、ご飯を2〜3cmしきつめ、③のフナを頭としっぽを交互に重ならないように並べる。
5. フナが見えなくなるくらいにご飯をしきつめ、次にフナを下に並べたフナと直角方向（井型状）に並べ、その上にご飯をしきつめる。
6. これを繰りかえし、最後がご飯で終わるようにする。
7. ビニール袋から空気を抜いて閉じ、三つ網で桶の周りを押さえ、落としぶた、重石をのせる。正月ごろまで置く。

※飯漬けは、夏の土用のころに行う。

シジミ飯

材料（4人分）

米		480g（カップ3）
シジミ（むき身）		150g
酒		30g（大さじ2）
土しょうが（せん切り）		10g
A	しょうゆ	36g（大さじ2）
	砂糖	9g（大さじ1）
B	水	610g
	薄口しょうゆ	36g（大さじ2）
	酒	30g（大さじ2）
みつ葉（0.5cmに刻む）		25g

作り方

1. 米は洗って分量の水を加え30分間おく。
2. シジミは酒を加えていり煮にし、次にしょうがを加え、Aを入れて煮汁がなくなるまでかき混ぜながら煮る。
3. ①にBを入れてかき混ぜ、通常の炊飯要領で炊く（Bの合計は米の重量の1.4倍）。
4. 炊き上がったご飯に②とみつ葉を加えてさっくり混ぜる。

アメノイオご飯

材料（4人分）

米	400g
干ししいたけ	約3g（中1枚）

A:
- 水（しいたけの戻し汁） 540g
- 薄口しょうゆ 30g（大さじ1⅔）
- しょうゆ 24g（大さじ1⅓）
- みりん 12g（小さじ2）
- 酒 10g（小さじ2）

ビワマス（アメノイオ）（三枚おろし） 180g

B:
- 油あげ（2cmの細切り） 10g
- にんじん（2cmのせん切り） 20g
- ごぼう（ささがき） 15g

青ねぎ（小口切り） 10g（½本）

作り方

1. 米は洗ってざるに上げ、水気を切っておく。
2. しいたけは水で戻し、軸を取りせん切りにする。
3. 平鍋にAを入れて沸騰させ、ビワマスを加えて煮る。火が通ったらざるに上げて身と煮汁に分け、身をほぐして骨と皮を取り除く。
4. 煮汁の量をはかり、水をたして全体を560gにする。
5. 炊飯器に①と④を入れ、平らにならす。
6. その上に、ビワマス、しいたけ、Bを入れ平らにならす。煮汁に具がひたっているか確認し普通に炊き上げる。
7. 十分むらした後、ねぎを加え、底からかき混ぜる。

コアユの山椒炊き

材料（4人分）

コアユ	250g

A:
- しょうゆ 60g（大さじ3⅓）
- 砂糖 36g（大さじ4）
- 酒 30g（大さじ2）

実さんしょう 5g
みりん 18g（大さじ1）

作り方

1. アユは洗って水切りする。
2. Aを沸騰させ沸騰が続くように①を数匹ずつ入れる。
3. 再度沸騰したら、さんしょうを加え、弱火で沸騰が続く火加減で煮る。
4. 煮汁が少なくなったらみりんを加え、全体にからまるまで煮る（弱火で5分くらい）。③、④で、時々、鍋返しをする。
5. 熱いうちに器に移す。

エビ豆

材料（4人分）

スジエビ		100g
乾燥大豆		100g
A	砂糖	45g（大さじ5）
	酒	40g（大さじ2 ⅔）
	薄口しょうゆ	24g（大さじ1 ⅓）
	みりん	12g（大さじ ⅔）

MEMO
ゆで大豆の場合は、250g用います。

作り方

1. 豆は一晩水につけ、指で押すとつぶれるくらいまでゆでる。
2. 鍋にAを入れて沸騰させ、スジエビをパラパラと入れる。
3. スジエビが煮えたら①の豆を加え、もう一度沸騰したら火を弱めて20分くらい煮る。
4. 煮汁が少なくなったらみりんを加え、全体にからまるまで煮る（弱火で5分くらい）。③、④で時々鍋返しをする。

ワカサギの南蛮漬け

材料（4人分）

ワカサギ		300g
塩		少々
小麦粉		30g
揚げ油		適量
A	だし汁	100g（カップ ½）
	酢	100g（カップ ½）
	しょうゆ	36g（大さじ2）
	砂糖	18g（大さじ2）
赤とうがらし（種を取り輪切り）		1本
たまねぎ（薄切り）		100g
細ねぎ（小口切り）		2本

MEMO
魚や肉のから揚げを、ねぎやとうがらしを加えた三杯酢に漬け込んだものを南蛮漬けといいます。
魚は、ワカサギの他、モロコやコアユ、イサザなどを用いてもOK。

作り方

1. ワカサギは塩水でよく洗い水切りした後、小麦粉をまぶしてすぐに油でカラリと揚げる。
2. Aを合わせて火にかけ、沸騰したらとうがらしを入れ火を止め、①とたまねぎを加えて、ねぎを散らす。

日野菜のさくら漬け

材料（作りやすい分量）

日野菜‥‥‥‥‥‥‥‥‥‥‥‥ 400g
塩‥‥‥‥‥‥‥‥‥ 18g（大さじ1）
A ┃ みりん‥‥‥‥‥45g（大さじ2½）
　┃ 酢‥‥‥‥‥‥‥40g（大さじ2⅔）
砂糖‥‥‥‥‥‥‥‥‥ 9g（大さじ1）
いりごま‥‥‥‥‥‥‥‥‥‥‥‥ 6g

作り方

① 容器は熱湯で消毒して乾かす。日野菜は重さをはかり、水洗いした後、水気を切る。
② 根と葉を切り離し、根は2〜3㎝長さの薄切りにする。葉は細かく刻み、熱湯をかけてあく抜きをしてしぼる。
③ ②に塩をまぶして容器に入れ、内ぶたをして重石をする。
④ 2〜3日後、水が上がったらしぼり、空になった元の容器にもどし、Aを混ぜる。重石をして1〜2日おいて味をなじませる。いりごまをかけて食べる。

万木かぶの甘酢漬け

材料（4人分）

万木かぶ‥‥‥‥‥‥‥‥‥‥‥ 200g
塩‥‥‥‥‥‥‥‥‥ 4g（小さじ⅔）
A ┃ 酢‥‥‥‥‥‥‥35g（大さじ2⅓）
　┃ 砂糖‥‥‥‥‥‥‥18g（大さじ2）
　┃ みりん‥‥‥‥‥‥18g（大さじ2）
　┃ 塩‥‥‥‥‥‥‥‥1.5g（小1/4）
　┃ 赤とうがらし（種をとって輪切り）‥ ½本
　┃ 昆布（3㎝のせん切り）‥‥‥‥ 1g

作り方

① かぶは厚めに皮をむき、半分または¼に切ってからできるだけ薄く切る。
② ①に塩をして、しんなりしたらよくもみ、硬くしぼる。
③ Aに②を入れて混ぜ、しばらく漬ける。

かんぴょうとさといもの煮物

材料（4人分）

かんぴょう‥‥‥‥‥‥‥‥‥‥ 45g
さといも（一口大に切る）‥‥‥ 300g
だし汁‥‥‥‥‥‥450g（カップ2¼）
カツオ節‥‥‥‥‥‥‥‥‥‥‥‥ 5g
A ┃ しょうゆ‥‥‥‥45g（大さじ2½）
　┃ みりん‥‥‥‥‥ 18g（大さじ1）
　┃ 砂糖‥‥‥‥‥‥15g（大さじ1⅔）

作り方

① かんぴょうは、洗って塩（分量外）でもみ水で洗う。半分くらいを5㎝の長さに切り、4〜5本ずつまとめ、残りのかんぴょうでくくる。鍋に入れて軟らかくなるまで、10分くらいゆでる。
② だし汁とカツオ節を煮立て、①を入れる。再度、沸騰したらさといもを加える。
③ さといもに8分通り火が通ったら、Aを加え煮含める。

ねごんぼ

材料（4人分）

A	大根（5mmの半月切り）……… 200g さといも（一口大に切る）……… 50g にんじん（金時）（5mmの輪切り）… 40g ごぼう（3mmの斜め切り）……… 30g 昆布（1cmの角切り）…………… 10g

煮干しだし汁………… 300g（カップ1½）
しょうゆ………………… 18g（大さじ1）

作り方

❶ 鍋にAを入れ、だし汁を加えて火にかける。すべての材料がほぼ煮えたころ、しょうゆで味をつけ、さらに軟らかくなるまで煮る。

ぜいたく煮

材料（4人分）

古漬けたくあん（5mmの輪切り）
……………………… 100g（約½本）

A	だし汁……… 200g（煮干し5g） しょうゆ……… 18g（大さじ1） みりん………… 6g（小さじ1） 酒……………… 5g（小さじ1） 砂糖…………… 1g（小さじ⅓）

赤とうがらし（種をとり輪切り）… ¼本

作り方

❶ たくあんは水につけ、一晩塩抜き（けだし）する。
❷ たっぷりの水で塩味が少し残る程度までゆでる。
❸ Aを加え、じっくりと煮込む。
❹ 途中でとうがらしを加え、煮汁がひたひたになるまで煮る。

下田なすときゅうりの一夜漬け

材料（4人分）

下田なす（へたをとり縦6つ切り）… 150g

A	弥平とうがらし（縦半分に切る）……1本 塩………………………… 6g（小さじ1） 水………………………… 30g（大さじ2）
B	きゅうり（一口大の乱切り）100g（1本） みょうが（縦に8つ切り）… 12g（1コ）

作り方

❶ 容器は、熱湯で消毒して乾かす。
❷ 鍋にAを入れて一煮立ちさせ、冷ます。
❸ 容器に②を入れ、なすとBを切ったものから入れて内ぶたをして重石をし、冷暗所におく。
❹ 半日後以降、食べられる。

豊浦ねぎの酢あえ

材料（4人分）

豊浦ねぎ		200g
油揚げ		20g
A	みそ	18g（大さじ1）
	酢	15g（大さじ1）
	砂糖	9g（大さじ1）
	すりごま	5g
	練りからし	2.5g（小さじ½）

作り方

1. ねぎの青い部分は2〜3cmに切り、白い部分は1cm幅の斜め切りにしてゆでる。
2. ①をゆでてざるに上げ、水を切って冷めたら硬くしぼる（水にさらさない）。
3. 油揚げはさっとあぶって横半分に切り、5mm幅に切る。
4. ボールにAを入れて混ぜる。
5. ②と③を食べる直前に④であえる。

さといもと棒ダラの炊き合わせ

材料（作りやすい分量　8人分）

棒ダラ（戻したもの）		400g
A	だし汁（または水）	300g（カップ1½）
	酒	100g（カップ½）
砂糖		36g（大さじ4）
しょうゆ(棒ダラ用)		72g（大さじ4）
みりん		54g（大さじ3）
さといも（皮をむきさっとゆでる）		600g
B	しょうゆ(さといも用)	18g（大さじ1）
	みりん	9g（大さじ½）

作り方

1. 棒ダラは食べやすい大きさに切り、米のとぎ汁でゆで、ていねいに水洗いする。
2. ①を鍋に入れ、Aを加えて、沸騰が続くくらいの火加減で煮る。途中であくをすくい、煮汁がかぶるように水をたしながら煮る。
3. 軟らかくなったら、砂糖としょうゆを加えて味がしみ込むまで煮る。最後にみりんを加え10分くらい煮て火を止め、器に取り出す。
4. 残った煮汁に、さといもとBを加えて、いもが軟らかくなるまで煮る。
5. ③を盛った器に④を盛り合わす。

赤こんにゃくのカツオ煮

材料（4人分）

赤こんにゃく		330g（1丁）
A	しょうゆ	24g（大さじ 1⅓）
	みりん	18g（大さじ1）
	花カツオ	5g
七味とうがらし		少々

作り方

① 赤こんにゃくは手でもんで1丁を十文字に4つに切り、さらに三角形に半分に切って、薄く切る。
② 熱湯でゆでて、鍋でからいりする。
③ ②にAを加え、混ぜながら汁気がなくなるまで煮て最後にとうがらしをふる。

丁字麩ときゅうりのからし酢みそ

材料（4人分）

丁字麩		4コ
きゅうり（薄い輪切り）		200g（2本）
塩		3g（小さじ½）
A	すりごま	10g
	練りからし	5g（小さじ1）
	みそ	36g（大さじ2）
	砂糖	18g（大さじ2）
	酢	30g（大さじ2）

作り方

① 丁字麩は水にひたして戻し、4つに切り硬くしぼる。
② きゅうりは塩をし、しんなりしたらよくもんで硬くしぼる。
③ Aをよく混ぜ合わせる。
④ ①と②を食べる直前に③であえる。

はくさいの漬物

材料（作りやすい分量）

はくさい		1kg（約半株）
塩		30g（材料の3％）
A	昆布（大きめの糸切り）	5g
	赤とうがらし（種をとって輪切り）	1本
	ゆずの皮（せん切り）	¼コ分

作り方

① 容器は、熱湯で消毒して乾かす。
② はくさいは6〜8つ割にしてよく洗い水切りした後、陰干しにする。
③ 容器に少量の塩をまき、その上にはくさいを葉先と根元が交互になるように一面に並べ、塩とAをふる。同様にして重ねていく。
④ 内ぶたをして、重石をのせ、冷暗所におく。水が上がったら重石は軽くし、はくさいが漬け汁にひたる程度とする。
⑤ 3日後くらいから食べられるが、1週間ほど置くと発酵しておいしくなる。

打ち豆汁

材料（4人分）

乾燥大豆	40g
干しずいき	4g
煮干しだし汁	800g（カップ4）
みそ	60g
A さといも（皮をむいて薄切り）	50g
A 油揚げ（細切り）	45g
豆腐（1.5cmの角切り）	100g
細ねぎ（小口切り）	5g

作り方

> **MEMO**
> 打ち豆の作り方（前日に行う）
> ① 大豆を熱湯の中に入れて火を止め、3分間待ってざるに上げる。水を切ってポリエチレン製の袋に入れて一晩（4時間以上）おく。
> ② 大豆を木づちでたたいてつぶし花形にする。

① ずいきは水につけてあく抜きと吸水をした後、よくしぼって3cmに切る。
② だし汁を沸騰させ、打ち豆とみその半量を入れて軟らかくなるまで煮て①とAを加えて煮る。
③ さといもが軟らかくなったら豆腐と残りのみそを加え、一煮立ちしたら火を止めねぎをちらす。

いりうの花

材料（4人分）

おから（うの花）	100g
A ごぼう（ささがきにし水にさらす）	20g
A 油揚げ	20g
A こんにゃく	20g
A にんじん ）3cmのせん切り	15g
干ししいたけ	3g（1枚）
ごま油	12g（大さじ1）
B だし汁	150g（カップ¾）
B 薄口しょうゆ	18g（大さじ1）
B 酒	15g（大さじ1）
B 砂糖	9g（大さじ1）
細ねぎ（小口切り）	10g

作り方

① しいたけは水に戻して3cmのせん切りにする。
② 鍋に油を熱し、①とAを入れて炒め、つぎにおからを加えて炒める。
③ おからがバラバラになったら、Bを加えて混ぜながら煮て、好みの硬さまでいり、火を止め、ねぎを加えて混ぜる。

サバの棒ずし

材料（4人分〈1本〉）

塩サバ（片身）	350～450g（1枚）
昆布	5cm角
A 酢	50g（カップ¼）
みりん	9g（大½）
練りわさび	少々
ご飯	350g（米160g）
B 酢	30g（大さじ2）
砂糖	27g（大さじ2½）
塩	6g（小さじ1）
甘酢しょうが	20g

作り方

1. サバは三枚におろし、酢洗い（分量外）する。腹骨をそぎ取り、小骨もていねいに抜く。
2. バットに昆布をしき、Aを入れて、その中にサバをつけて4時間くらいおく。
3. サバは頭の方から薄皮をはぎ、肉厚の部分を内側から包丁を入れて、平らにそぎ取る。
4. ご飯にBを加えて混ぜあわせ、冷ます。
5. 巻きすにラップを広げ、サバをのせる。尾の方にそいだ肉を補って全体を長方形に整え、わさびを塗る。
6. ⑤の上に④を棒状にのせる。手で形を整え、巻きすでしっかり巻く。
7. しばらくおいて2cmくらいの幅に切って盛り、甘酢しょうがをそえる。

参考文献

滋賀の食事文化研究会編、お豆さんと近江のくらし、サンライズ出版（1996年）
滋賀の食事文化研究会編、くらしを彩る近江の漬物、サンライズ出版（1998年）
滋賀の食事文化研究会編、近江の飯・餅・団子、サンライズ出版（2000年）
滋賀の食事文化研究会編、湖魚と近江のくらし、サンライズ出版（2003年）
滋賀の食事文化研究会編、芋と近江のくらし、サンライズ出版（2006年）
滋賀の食事文化研究会編、食べ伝えよう滋賀の食材、サンライズ出版（2012年）
小島朝子・古沢みどり編著、食べて知る湖国のめぐみ　琵琶湖産魚介類の栄養と料理、滋賀県漁業協同組合連合会（2003年）
農山漁村文化協会編、地域食材大百科　第4巻　乳・肉・卵，昆虫，山菜・野草，きのこ、pp358-359、農山漁村文化協会（2010年）
小島朝子・高正晴子、文献に見る兵主蕪と兵主菜、滋賀の食事文化（年報）第18号、pp21-32、滋賀の食事文化研究会（2009年）
長朔男、オオミカブラ蘇る、滋賀の食事文化（年報）第21号、pp24-34、滋賀の食事文化研究会（2012年）
滋賀県農政水産部農業経営課・滋賀の食事文化研究会　調査・編集、近江の特産物発掘調査報告書　滋賀の地産地消推進事業（2007年）
滋賀県農政水産部農業経営課、青果物生産事情調査第69号　平成27年度実績野菜の生産販売状況（2017年）
滋賀県農政水産部、食べて知ろうよ！〜びわ湖のめぐみ〜（2017年）
滋賀の食事文化研究会編、新装合本　つくってみよう滋賀の味、サンライズ出版（2009年）
榎和子・小島朝子・中平真由巳、豊かな食生活のための料理レシピ集、サンライズ出版（2006年）

あとがき

　滋賀の食事文化研究会は今までいろいろな活動を行ってきていますが、その中には、いくつかの部会による活動があります。その中の一つに食事バランス部会があり、今までにその部会の活動として、滋賀大学環境総合研究センターの協力も得て、『滋賀の伝統的な料理を活用した食事バランスガイド』および『滋賀の伝統的な料理を活用した食事バランスガイド　レシピ集』などを制作・編集し冊子として発行しています。

　かつては大家族でおばあちゃんの料理を見習ったり、おばあちゃんの味を覚えることができました。また、地域や家庭の行事の中で、お年寄りや親戚の方々といっしょに料理を作り、伝統料理や地域の食材を生かしたその時代に合った家庭料理などを学ぶことができました。各家庭では同じ料理でも、料理法が微妙に異なり、行事の中ではいろいろ参考になることがたくさんありました。また、野菜はほぼ自給していましたので、子どもたちも野菜の旬をよく知っていましたし、また、魚つかみは子どもの遊びの一つで、魚の種類も旬（しゅん）もよく知っていました。

　今や三世代同居が減少し、行事の中で地域の皆さんといっしょに料理を作ることが少なくなってきました。自然に接する機会も減り、旬の食材や地域の食材について知る機会も少なくなってきました。また、料理には作る量が少なくなってきた、調理器具が変わってきた、味の好みが多様化してきたなど、いろいろな変化も加わってきています。滋賀には琵琶湖の魚介類や米、野菜類、豆類、いも類などにおいて滋賀ならではの優れた伝統的な食材があります。今後は、このような優れた滋賀の食材

について学び、その食材の特徴を生かしながら、それを家庭にあう料理に活用して滋賀の食材を後世に伝えてゆくことが大切ではないかと思われます。

　そこで、この部会では若い方々にも興味がわくよう、滋賀の食材について知り、健康的で手軽に楽しく作れる新しい料理の開発を続けてきました。滋賀の食材には伝統的な食材に加え、滋賀で日常的に食されている食材も含まれていますが、約5年間で使用した食材は約60品目、開発したレシピは250種類あまりにものぼります。

　今回これらの中から56の食材を選んで説明し、171のレシピを選び、本にして出版することができました。中には滋賀の伝統料理に関する情報も書き込まれています。この本には、この食材にはこのような簡単に作れておいしい利用法があったのかと驚くような料理が数多く載っています。部会員の努力の結晶とも言える本であり、非常に参考になる本に仕上がっていますので、ぜひこの本で、滋賀の食材について知り、その食材を用いた新しい料理法を学んでいただければと思っています。

　最後になりましたが、この本を出版するにあたり、公益財団法人全国税理士共栄会文化財団から資金援助を受けました。ここに厚く御礼申し上げます。また、サンライズ出版の岩根順子氏、岸田幸治氏には大変お世話になりました。厚く御礼申し上げます。

　平成29年8月
　　　　滋賀の食事文化研究会会長　小島　朝子

●執筆・編集

　滋賀の食事文化研究会　食事バランス部会

今江　秋子（元会社役員）

長　　倭子（草津市立老上まちづくりセンター男性料理教室講師）

串岡　慶子（元滋賀短期大学教授、管理栄養士）

七里あや子（愛農学園農業高校教諭）

清水まゆみ（滋賀短期大学教授、管理栄養士）

高橋ひとみ（滋賀短期大学講師、管理栄養士）

中平真由巳（滋賀短期大学教授、管理栄養士）

細辻　珠紀（元大阪ガスクッキングスクールチーフインストラクター、栄養士）

協力　長　　朔男
　　　江頭　賀巳

本書は、公益財団法人 全国税理士共栄会文化財団の助成を受けて作成しました。

クックしが　地産食材かんたん新レシピ

2017年10月20日　第1版第1刷　発行

編　集●滋賀の食事文化研究会　食事バランス部会

発行者●岩根順子

発行所●サンライズ出版
　　　　〒522-0004　滋賀県彦根市鳥居本町655-1
　　　　TEL 0749-22-0627

印刷・製本●シナノパブリッシングプレス

© 滋賀の食事文化研究会食事バランス部会 2017
Printed in Japan　ISBN978-4-88325-625-9

本書の全部または一部を無断で複写・複製することを禁じます。
落丁・乱丁のときは小社にてお取り替えいたします。